# 目次

シリーズ　日本語があぶない
# 書きたい、書けない、「書く」の壁　目次

【がんばれ日本語】

【ちょっと専門的でためになる漢字のはなし】

【キーボードだよ人生は】




編集――ゆまに書房編集部
編集協力・コラム執筆――境田稔信 *Sakaida Toshinobu*
妹尾和子 *Senoh Kazuko*
造本・装幀――寺山祐策 *Yusaku Terayama*
大村麻紀子 *Makiko Omura*
カット――中野耀子 *Nakano Akiko*

シリーズ　日本語があぶない

# 書きたい、書けない、「書く」の壁

# 日本語があぶない

丸谷才一

## 一、仮定と家庭の問題

高島俊男さんとはずいぶん前から親しいんですが、いつも驚くことがあります。とにかく、世情に疎《うと》いといふか、下情に通じないといふか、浮世ばなれしてゐる。いつだつたか、高島さんと漫画家の東海林さだおさん、ぼくの三人でホテルのレストランで座談会をやつたことがあつた。フランス料理店などで、テーブル・クロスに落ちたパン屑を、ミエットといふ小さなシャベルのやうなものを持つてきてすくふでせう。それを見て高島さんはえらく感心して、「さすがに東京の第一流のホテルとなると、最新式の設備があるもんですねえ。ウーン」

東海林さんは高島さんのことが大好きなんだけれど、横を向いて恥しさうに「どこにだつてありますよ」つてつぶやいた。これはごく無難な例の一つで、高島さんは俗なことは何も知らないんです。

いつだつたか、ぼくの友達の美術評論家、中山公男に高島さんのことを質問されて、その話を含めていろいろ紹介した。すると中山は、「さういふ男だから、あれだけ物事を本質的なところでつかまへることができるんだねえ。このあひだ、『漢字と日本人』（文春新書）といふ本を読んで感心したんだよ。常識に煩はされない人だから、あれほどクッキリとモノが見えるんだ」と言つた。

中山とは高等学校のときからのつきあひで、いはば敬愛する友人なので、その男が高島さんの本質をこんなふうにつかまへたことが嬉しかつたし、また、中山が『漢字と日本人』を感服して読んだといふことを聞いて、非常にいい気持でした。高島さんの本はたくさんありますが、これはとりわけよく出来てゐる本ですね。何しろ中国文学の偉い学者で、文章の達人ですから、かういふ本を書くには打つてつけの人なんです。

その高島さんがこの『漢字と日本人』のなかで言つてゐます。日本人が漢字を使ふのは、たまたま隣りが中国で距離が近いから漢字を借用したのである。たとへばもし隣りがイギリスだつたら、英語つまりアルファベットを借りてきて使つたらう、と。ヒストリカル・イフぢやなくて、ジオグラフィック・イフとでも言ふんでせうか。まあ、普通の人はあまりかういふ発想はしません。

隣りが中国なので漢字を借りた。ただし、そのとき、四声は抜きで借りてきた。そのために同音異語が多くなつた。その例として「仮定」と「家庭」といふ例をあげて、これについてまことにおもしろい話が一つあると、高島さんは書いてゐます。

だいぶ前になりますが、中学生が小学生を殺すといふ不幸な事件が起こり、その学校の校長に新聞記者が質問した。校長が答へるときに「それは仮定の問題ですからね」と言つたのですが、新聞には「家庭の問題」と出てしまつた。つまり、校長が家族を非難したみたいな記事になつて、たいへん迷惑したと校長先生が雑誌に書いてゐたのださうです。

「これはまことにおもしろい例である」といふところから『漢字と日本人』ははじまつてゐます。

でも、ぼくにとつて興味深かつたのは、「仮定」も「家庭」も、明治維新以後にできた漢語といふことですね。

「仮定」の語義の第一は、「一時的に国を平定する」といふ意味で、これは田口卯吉の『日本開化小史』に用例がある。『日本開化小史』といふのは一八七七年から八二年にかけて、四年がかりでできた本ですが、「一時を仮定する豊臣氏の如く成らんより」といつた調子で使つてゐるさうです。

語義の二は、末広鉄腸の『花間鶯』（一八八七〜八八）にあつて、「政党の真面目は此の如きものと仮定しますも」といふ例があるさうです。今の使ひ方と同じですね。

でも、「仮定」といふ言葉は、戦後に吉田茂首相が「仮定の質問にはお答へできません！」と言つた。あれが有名になつてよく使はれるやうになつたんぢやないかな。みんなが口にするやうになつたのは、吉田ワンマン以後だつたやうな気がします。

重要なのは、二番目の「仮定」は、英語の「サポジション」の訳語だといふことです。また、「家庭」も明治以後の言葉であつて、これはもちろん「ホーム」とか「ファミリー」の訳語でせうね。意味は第一に、「一家の内」「家」「家内」「家族」。新聞で一八七一年（明治四）に使つた例があります。

意味の第二として、「夫婦、親を中心にした血縁者の生活する最も小さな社会集団」。これは尾崎紅葉の『金色夜叉』（一八九七〜一九〇二）で、「其故に彼は漸く家庭の楽しからざるとも感ずるにあらずや」と使つてゐる。

つまり、「仮定の問題」が「家庭の問題」と間違はれる現象は、明治以後に生じたことなのですね。同音異義語の問題は、漢字渡来以後、ずつとあつたでせうが、深刻になつたのは明治維新以後のことなんです。

なぜさう言へるかといふと、第一に昔の日本人は無口であまりしやべらなかつた。村落的な社会ですから、よくしやべる人間は嫌はれ、腹芸とか阿吽《あうん》の呼吸とかが尊敬されたんですね。だから、江戸明渡しにしたつて、勝海舟はよくしやべつたらうけれど、それだつて、今の日本人ほどではなかつたんぢやないか。西郷隆盛に至つては、一言、二言ボソリと言つただけぢやないだらうか。いはんや、両雄が新聞にコメントを求められるやうなことはなかつた。

第二に、さつき言つたやうに、「仮定の質問」の「仮定」が一般的に使はれるやうになつたのは戦後になつてからです。だから正確に言へば、「仮定」と「家庭」とがごつちやになつて困るなんていふのは、戦後的現象なんですよ。

ついでに言つておきますと、『日本国語大辞典』第二版で「カテイ」を引くと、「下底」「火丁」「瓜蒂」……と、二十四の語が並んでゐます。さらに『諸橋大漢和』には、「夏庭」「荷亭」「霞梯」といつた言葉もあるので、日本語の「カテイ」は全部で二十七、八になります。しかしそのなかで、現在、われわれが使ふのは「仮定」「河底」「家庭」「過程」「課程」の五つしかありません。そして、この五つはほぼみんな明治から使はれるやうになつた言葉なんです。このなかで「河底」は中国の漢語……本場物ですが、ほかの四つは英語の訳語としてできたものです。

「過程」は『改訂増補哲学字彙』（一八八四）が最初の例で、その次の例は森鷗外の『妄想』（一九一一）と、ぐつとあとになつてゐる。

「課程」は江戸時代からありました。『和俗童子訓』（一七一〇）に、「若外《もし》の師なくば、其父兄みづから日々の課程を定めてよましむべし」といふのがあるけれども、この江戸の言葉を生かして、明治人はコース（course）の訳語にしたんです。

といふ具合に、われわれは明治以後に英語の訳語として漢語を大幅に採用して、さらに戦後、もつと大量に採用したから、こんな混乱が起きやすくなつたとぼくは考へます。

## 二、漢字採用は不幸だつたか？

隣りにたまたま中国があつたから日本語は漢字を使ふやうになつた、隣りがイギリスやフランスだつたらABCになつたらう、と高島さんは言ひます。そしてそれは日本語にとつて不幸なことだつたと主張し、次のやうな理由をあげてゐます。

第一に、日本語の発達が止まつた。これは、大和ことばが概括的な言葉、抽象的な言葉を作れなくなつたといふことです。たとへば「春」「夏」「秋」「冬」といふ一つ一つの季節を言ふ言葉は大和ことばにある。しかし、その四つを総括して言ふ抽象的な概念としての「季節」といふ言葉は日本語には生れなかつた。漢語の借用ですませるしかなかつた。

「空（そら）」といふ言葉はある。でも、抽象的な概念としての「天」はない。そして「理」といふ概念、「義」といふ概念、さういふものを示す言葉はできなかつた。確かにこれは高島さんの言ふとほりですね。

高島さんがあげる第二の理由は、漢字はあくまでも漢語を書き表すための字であつて、日本語には向いてゐないといふことです。

漢語はすべて一語、一字、一音節で、四声があります。ところが、これが日本語になると、多音節になつてしまふ。たとへば、古代中国語で「月」はギアッ［ŋïuʌt］と一音節なのに、日本語ではゲツと二音節になる。中国語の「月光（ギアックァン）」［ŋïuʌt kuaŋ］は二音節ですが、日本語では「ゲッコウ」と四音節になる。

理由の第三として、音節がのび、しかも四声はないわけですから、結果として同音異義語が増え、漢字の字面《じづら》を想定しなければ意味がわからなくなるわけです。これは先ほども触れましたが、耳で音を聞くだけではわからない。そのとき、いちいち、どういふ字なのか、前後関係から判断して心のなかで思ひ描かなければならない。われわれはその操作を上手にやりながら生きてゐるわけですね。こんなことをしてゐる国民はほかにあるでせうか。その点、偉いと言へばじつに偉いわけですね、わたしたちは。

ちよつと横道にはいりますが、この同音異義語の件に対して、日本人はどういふ対応策を講じたか？

対応策の一。言ひ換へや、注釈をつけながらしやべる。つまり、「私立（ワタクシリツ）の中学校」とか、「市立（イチリツ）の中学校」といつた言ひ方ですね。「辞書」といふ場合でも、「コトバテン（辞典）はだなあ」とか、「コトテン（事典）は」とか言ふ。これは高島さんが述べてゐることです。

対応策の二。これは鈴木棠三さんの本を読んでゐてわたしが思ひついたことですが、四字熟語による重音の使用です。たとへば「雲散霧消」といふ言葉。「ウンサンするんです」と言はれてもわからない。「ムショウするんです」でもわからない。でも、「雲散霧消するんです」と言はれればパッとわかる。「悪口雑言」もさうですね。あ、これは悪く言はれたんだとわかる。「誠心誠意」もさう。これは言ひやすいやうに頭韻してある。「四苦八苦」「有象無象」は脚韻。いづれも、二字で言ふとごちやごちやになるから、同じことを四字で言ふ。

これが近世期には俗語にまで及んで、「名人上手」とか「気随気儘《きずいきまま》」とか「時世時節《ときよじせつ》」とか、「無理難題」とか言ふやうになつた。

鈴木棠三さんによれば、室町の女房詞《ことば》にかういふ重ね言葉が多いんださうです。そこでピンと来たんですが、室町時代は『太平記』とか『平家物語』とか、軍記物語が大いに読まれたわけでせう。そのために漢語がどつと増えた。それが女房詞にまで及び、さらに今度は逆作用して漢語の重ね言葉が増えたんぢやないのか。さう思ふんですね。

さて、不幸の理由の第四。これは高島さんが言つてゐないことですが、ぼくの説として付け加へておきます。大和ことばの場合にはわれわれには「語感」がわかるんですね。言葉のもたらすものが「意味」と「語感」の二つだとすると、大和ことばの場合には意味だけぢやなくて、語感がピンと来る。場合によると、意味はよくわからないのに、語感はわかるやうなことだつてある。『源氏物語』なんか読んでゐると、ときどきそんなことありますね。いはば、われわれの血のなかを語感が流れてゐる。

ところが、漢語の場合には意味はわかつても語感がわかることはすくないんぢやないでせうか。「義理」とか「人情」といつた言葉ならわかりますけど、それは日本人がさういつた言葉を文化史的に長く使ひ続けてきたから、その文化の累積のおかげなんです。

しかし、ちよつと厄介な言葉になつてくると、意味はわかるけれど、語感はわからない。たとへば「巍然《ぎぜん》としてそびえる」と言はれれば、高いんだなあ、と意味は一応わかりますが、そこから先は何だかピンと来ない。ただむづかしく、威張つてゐるやうな、もつたいぶつた感じがするだけで、あとはわからない。

何か文化史的なものが言葉に寄り添つてゐて、その感覚が民族の体のなかにあるから、言葉を聞くとピンとくる。それが語感といふものなんでせう。漢語の場合は、意味はわかつても、語感はほんとうにわかつてゐるのかどうか——。

以上は、日本人が漢字を借用したせいで損をした、あるいは不幸だつたといふ面です。

今度は別の角度からこの問題をもうすこし考へてみませう。高島さんは不幸な面だけを言つた。しかし反面として、幸福な点もあつたんぢやないか。マイナスだけぢやなくて、プラスもあつたんぢやないか。これを考へてみようといふわけです。

プラス面の第一。先ほど、一語一字一音節の漢字を日本語で音読みすると、音節が増えると言ひました。しかし、増えたとしても、一字二音です。三音といふのはないでせう。二字の熟語でも、音は四音節にしかならないわけですね。

さつきの「月光（ゲッコウ）」は四音節。これを大和ことばで「ツキノヒカリ（月の光）」とやると、六音節。「ツキカゲ（月影）」なら同じく四音節ですが、「月光」のほうが簡潔だし、早い。「天下（テェンハ）」は中国語で二音節。「テンカ」は三音節。「アメノシタ」にすると五音節。これでわかるやうに、漢語を使ふことで、比較的短い音節で一語が言へます。

プラス面の第二。漢字には、サンズイ（氵）とかヤマヒダレ（疒）とか、意符といふものがあるために、よくわからないまでも何となく意味の見当がつく。

先年、炭疽菌の騒ぎがありましたね。最初は炭疽菌の「疽」を平仮名で「炭そ菌」と表記してゐましたが、「炭素」に間違へられるといふので、正式のヤマヒダレの「炭疽菌」を使ふやうになつた。すると、ヤマヒダレのせいで、「おや、これは病気と関係あるらしいぞ」と見当がつく。

よく新聞で「がれきの街」と平仮名を使ひますが、あれだつて、「瓦礫」と書けば、瓦はカワラだし、「礫」だつてイシヘンのせいで「なんか石がゴロゴロしてゐる感じだらう」と見当がつく。

この二点は漢字移入の長所、プラスであつたと思ふんです。

もし漢字ではなくてABCを入れてゐたらどうなつたでせう。

炭疽菌は英語では「anthracnose」または「anthrax」。英語の発音では、それぞれ三音節と二音節ですが、これを「アンスラクノース」とカタカナで書くと八音節になるし、「アンスラクス」だつたら六音節になる。これに比べて「タンソキン（炭疽菌）」は五音節で済んで、ずつと簡単です。

でも、ほんとうは英語のカタカナ書きを採用したとしても、「アンスラクノース」とか「アンスラクス」とは言はないでせう。たぶん「アンスラ」と省略して言ふことになるでせうね。これが現代日本語に特徴的な現象なんです。

たとへば、「総合建設会社」は「ゼネラル・コントラクター」だけど、面倒だから「ゼネコン」になる。「マイクロ・コンピューター」が「マイコン」、「エアー・コンディショナー」が「エアコン」、「ラジオ・コントロール」が「ラジコン」になる。

英語を採用したとすると、音節が長くなつて略すしかなくなる。しかし、カタカナ日本語には意符に当るものが何もありません。「マイ」にも「コン」にも「ゼネ」にも、意符に当るものはない。「エア」とか「ラジ」には、意符的な作用が少しはあるのかなあ。コンにはありませんね。コンピューターもコンディショナーもコントロールもみなコンですから、「ゼネコンといふのは建設会社の親玉みたいなもの」と丸飲みにするしかない。

これでよくわかるけれども、明治時代の欧化、あるいは日本の近代化は、漢字を使つた欧米語の邦訳に負ふところが極めて大きかつたんですね。「プ・リ・ン・ト」とか「プ・リ・ン・ティ・ン・グ」とやるよりは「印刷」と漢字でやつたほうが早い。「レ・イ・ル・ロ・ー・ド」よりは「鉄道」のほうが早い。早いし意味鮮明である。「試験管」は英語では test tube で二音節だけれど、日本語の発音で「テ・ス・ト・チュ・ー・ブ」とやると六音節。大和ことばを使つて「タメシノクダ」とやると六音節。ところが、「シケンカン」なら五音節、しかも撥音の「ン」が二つあるせいで非常に短くなる。他にもいろいろ例がありますが、省略します。御自分でやつてみてください。

つまり、近代日本語成立の極めて重要な一要素は、西欧の概念の漢字による翻訳語であつた。そのところはやはり漢字のプラス面として認めなきやならない。これがもし漢字、漢語なしに西欧化をやらうとしたら大変なことになつてゐたでせう。ゼネコン、ラジコン、マイコン的日本語でやるしかなかつたわけです。今頃、頭のなかがみんなごちやごちやして破裂してゐるかもしれない。それを一応きちんとやることができた。それは漢字を使つたせいであつて、これは大変なプラスであつたと言ふしかない。

われわれの近代化がアジアで最初に成功したのは、一つには仮名を持つてゐた、一つには漢字による訳語を持つてゐた、この二つによつてであつた。仮名もそもそも漢字から生れたわけで、さう考へると、日本の近代化は漢字文化のおかげだつたと言へるでせう。

高島さんはマイナス面ばかりを言つたから、ぼくがプラス面を付け加へてみました。高島さんの言つてゐることが間違ひといふわけぢやない。しかし、その反面としてプラス面もあることを言ひたかつたのです。

## 三、明治――西欧化と印刷術

これまで見てきたやうに、明治時代に日本語は大変革をおこなひ、それ以前にはなかつたほど作り変へられました。その要因をぼくは二つあげたい。

第一はこれまでお話ししてきた西洋化です。そして第二は、活版印刷のはじまりであつた。この二つに共通するのは、能率と機能性です。それまでオツトリと構へてゐた日本語が、突然、そんなノンビリしたことは許されなくなつた。

マクルーハンは活字と印刷術の出現を指して「失楽園」と言ひました。つまり、それまでは聖書はごく一部の聖職者だけのものであつたのが、印刷術の出現でかなりの人が聖書を持つことになつた。それが、プロテスタンティズム誕生のきつかけにもなり、それによつて、これまで神父様にまかせてゐた魂の問題を、個人個人が自分で考へなければならなくなつた。さらに言へば、そのプロテスタンティズムのせいで資本主義が到来して、人々の生活は非常にせはしくなつた。さういふ文明の大転換だつたわけです。

それと同じやうな大転換が、明治の日本にも起こります。これは当時の日本人、日本語にとつてもまさしく楽園喪失のやうなもので、たいへん厳しい現実へと日本を追ひ込んだのです。ノンビリ暮すわけにはゆかなくなつた。

福沢諭吉の『文明論之概略』は明治八年、一八七五年の刊行で、和紙木版六冊本です。木版だからまだ活字ではありません。初版はどのくらゐ刷つたかわからないんですが、何版か重ねたでせう、あれだけの本なんだから。ところが翌々年、明治十年に洋紙活版刷一冊本として出版されます。これによつて、西洋文明を歓迎するといふ本の主題と、活版といふ体裁とがピツタリ合つた。初版は木版、再版で活版といふのは、いかにも明治初年の文明的状況、日本語的状況をよく示してゐると思ひます。

すこし説明しますと、明治二年（一八六九）に、長崎の本木昌造といふ男が西洋式の鉛活字を完成します。明治四年に本木昌造の弟子の平野富二が明朝体活字を作つた。明治六年に日本で初めての印刷機ができる。明治十三年に文部省が小学教科書を木版手刷りから活版に切り換へた。ここで日本語の文化は決定的に変つたわけですね。オツトリノンビリからテキパキへと激変した。

この二つの要因によつて、明治の日本語文化にどのやうな大改造がなされたか、思ひつくままにあげてみませう。

(1)明朝体活字がもたらされて、変体仮名が衰滅した。変体仮名といふのは「か」を「ゕ」、「な」を「ふ」と書く書体ですね。夏目漱石の原稿をごらんになると、変体仮名がいつぱいあります。当時の小説家はみんなたくさん使つた。明治十五年（一八八二）の「軍人勅諭」も、変体仮名まじりです。ところが、活字の普及で、変体仮名は次第に使はれなくなつていきます。

(2)明治以前には仮名に清濁の区別がなかつた。それを区別するやうになつた。

(3)ほとんどの場合、句読点がなかつたのを句読点をつけるやうにした。

(4)感嘆符（！）、疑問符（？）、ダッシュ（——）、点々（……）といつた符号を使ふやうになつた（かういふ記号を文章の中で使ふやうになつたのは、明治二十年頃からで、小説では二葉亭四迷、尾崎紅葉、山田美妙などがはじめださうです）。

(5)文章にパラグラフ、段落をつけるやうになつた。最初の行の冒頭を一字下げるやうにした。

(6)仮名を重ねるときに反覆記号（ゝ）を使ふことが多かつたが、それをやらなくなつた、あるいは非常に減つた。

(7)引用符（「　」）を明記するやうになつた。

(8)振り仮名の振り方が右側に統一された。以前は右に発音を書いて、左に意味を書くこともありました。たとへば「診察」の右に「シンサツ」と振り仮名を振つて、左側に「診てもらふ」といふふうに。一種、啓蒙的な振り仮名ですね。

(9)いろは順がアイウエオ順になつた。明治二十二年（一八八九）に『言海』が出来て、大槻文彦が福沢諭吉のところへ持つていつた。それを福沢諭吉が見て、アイウエオ引きなのにびつくりして、「下足札などもアイウエオになるんですか。それぢやまづいんぢやありませんか」と言つたさうです。この話でおもしろいのは、あの文明開化の代表的論客である福沢諭吉でさへ、アイウエオよりいろはに親しみを感じてゐたといふことです。風俗といふのは人間にまつはりつくものなんですね。今は、いろは順なのは歌舞伎座の観客席の列くらゐぢやないでせうか。

アイウエオはインドのサンスクリット文法のやり方で、母音を基準にして配列するから、論理的なわけです。

⑽これは高島さんの本で教はつたことだけれど、呉音読みが廃《すた》れて漢音読みになつた。「停止（テイシ）」は元は「チョウジ」と読んでゐたんですね。「カイホツ（開発）」と読んでゐたのが「カイハツ」になつた。「ガクショウ（学生）」と読んでゐたのが「ガクセイ」になつた。

⑾黙読が一般的になつた。これはわりに気がつかないことですが、本を読むとき、以前は音読が普通で、みんなブツブツ口の中でつぶやきながら読んでゐたんです。それが、黙読するやうになつた。アウグスチヌスの『告白』の中に「アンブロシウスが口を動かさないで読んでゐたのでびつくりした」とかいふのがありますから、西洋の四世紀でも、アウグスチヌスは音読してゐて、黙読するのは例外的な知識人だつたやうですね。ぼくが高等学校にはいつたころにも、予習とか復習のときに音読しないと頭にはいらないといふやつがゐて、まはりが「困つたもんだ」と嘆いてゐたことがありました。明治時代四十年の間に激減した音読派の生き残りですね。

黙読の普及によつて、図書館が成立する。その前にも、貸出図書館＝貸本屋はありました。また、保存用の図書館、足利学校とか紅葉山文庫とか金沢文庫とか、貴重な本を保存するための図書館はあつた。あつたけれど、うんと偉い人でないと見せてもらへなかつた。

普通の人が読ませてもらへる図書館は、明治五年（一八七二）、旧昌平黌に官設書籍館といふのが設けられ、明治八年に三万の蔵書を誇る東京書籍館、明治十三年に東京図書館ができたのがはじめです。明治以前に公共図書館がなかつたことは、福沢諭吉の『西洋事情』の中に「西洋諸国ノ都府ニハ文庫アリ、ビブリオテーキト云フ」といふのが書いてあることでもわかります。

⑿は、標準語。これは今までの項目と格が違ふ大きな事件です。標準語への志向が高まり、実際に標準語の成立に向けての動きがはじまつた。

⒀も格が高いんですが、さつき詳しく見たやうに、漢字合成による西欧的概念語ができた。西欧的物体をあらはす普通名詞、および抽象名詞の訳語ができたこと。

⒁欧文脈の文章ができた。例を一つ出しませう。明治四十三年（一九一〇）、上田敏の『うづまき』です。

「異を好む情、これが春雄の小さい胸に溢れてゐた。今になつて熟《つらつ》ら考へると、必ずしも外国の文明を慕つたばかりといふのでは無い。清新の興味に心を躍らし、新奇の刺激に日々生命の豊富になつて行くを楽みにした彼は、其先を、其上をと、触れ難い捕へ難い物に憧れた」

「異を好む情、これが春雄の小さい胸に溢れてゐた」、この主語の立て方。さらに、「清新の興味に……を楽みにした彼は」といふ関係代名詞的な使ひ方。これは典型的な欧文脈ですね。かういつた言ひ方が、明治になつてはじまり、その結果として、論理とレトリックが西欧的になつた。

いろいろ言ひましたが、基本的には⑿の標準語、⒀の漢字合成による訳語、⒁の欧文脈、そのあたりが非常に大事でせうね。

なかでも、これまでの話の筋として、ぼくが一番言ひたいのは⒀つまり「漢字による訳語によつて、日本の近代化と欧化は可能になつた」といふことです。その訳語を活用したのが活版印刷でした。

「活版印刷による出版資本主義が国民国家をつくつた」と、ベネディクト・アンダーソンが『想像の共同体』ではつきり指摘してゐます。日本の場合、この活版印刷による出版資本主義を可能にするためには、機能的＝能率的な言葉がなければならなかつた。その機能的＝能率的な言葉を成立させたのは、西洋的概念の漢字による訳語だつたわけです。

「原則」とか「物理学」とか、「社会」とか「文明」とか、「地球」「神経」「汽車」、「郵便」も「為替」も「担保」

も、そして、「――的」とか「――性」とかいふ言ひ方もさうです。この種の言葉を組み合せて理屈を言ふことにより、近代化と欧化が実現した。

それによつて日露戦争の勝利もあつたし、その後の山崎正和さん命名による「不機嫌の時代」――つまり日本的世紀末の到来もあつたし、口語体の完成と普及もあつたし、明治四十年代にはじまる文学の新時代の到来もあつた。さういふものがあつて出来あがつたのが日本といふ国だつたと言つていいんぢやないか。

## 四、戦後――言論の由由とテレビ

明治の日本語大改造については、以上の通りです。

さらにもう一度、昭和になつて第二次大戦後に、ふたたび大改造があつた。その中間に関東大震災による変動があつたわけですが、それとは比較にならないほど大きい、明治と同様の、あるいはそれ以上の大波が日本語に襲ひかかつたわけです。

その要因をざつとあげてみませう。

第一には、言論の自由と人権の確立といふことでせうね。これで新聞、雑誌がいろんなことを書けるやうになつた。放送でいろいろ自由にものが言へるやうになつた。以前にくらべれば段違ひなくらゐ、面白い読み物が増えた。

第二には、いつそう徹底した西洋化が起つた。アメリカによる占領と、その後の衛星国家化、はつきり言つてしまへば属国化ですね。および急激な都市化、それらがもたらしたものです。

さらに第三として、テレビ、電話、ワードプロセッサーとインターネットの普及があげられます。これに加へて、ごく最近の極めて大きな要素ですが、携帯電話の出現。これは、先ほどの電話の普及とは別に一項目を立てなければならないほどの日本語的問題だといふ気がする。

　では、かうした要因が何をもたらしたか？　その現象について考へてみませう。

(1)標準語の全国制覇がおこなはれた。家庭生活ではまだ方言も使はれますが、テレビ、ラジオのせいで方言は急速に衰へた。あるいは標準語と方言の二つを話すことのできるバイリンガル（？）的人間が激増した。

　さらに、案外言はれてゐないのが、日本語の発音が従来とは違つてきたことです。戦前の日本では「ハヒヘホ」を「ファフィフェフォ」と発音する人がかなりの割合でゐた。東北なんかではずいぶん多かつた。それから字音の「クヮ」、たとへば火事のことを「クヮサイ（火災）」と言つたり、「キキクヮイクヮイ（奇々怪々）」と言ふ。それもずいぶん減つた。

　鼻濁音も減りました。これはぼくは気に入らないんだけど、しやうがないのかなあ。

といふ具合に、発音までがずいぶん違つてきた。まして、そのほかの面では、標準語はほとんど圧倒的に全国を制覇したと言へるんぢやないでせうか。

　これはテレビ、ラジオの影響が大きい。ラジオは戦前からありましたが、戦前のラジオはしよつちゆう壊れてばかりゐて、ひどかつたからね。

(2)国語改革で新仮名、新字体になつたために、難漢字、難漢語を使ふことがはやらなくなつた。戦前の日夏耿《こう》之《の》介《すけ》や鈴木信太郎といつた人たちのむやみにむづかしい訳詩、あれは本当に特殊なもので、読書がすくなくてもちつとも困らないといふ態度だつたから、あんなことができたわけでせう。

　それから戦前の軍人の日本語もさうですね。「金甌無欠《きんおうむけつ》」とか「暴支膺懲《ぼうしようちよう》」とか、権力と軍刀に物を言はせて漢語を使ひまくつた。

同時に、難しい漢字がなくなつたから振り仮名が激減しました。これは一つには新国語改革の提唱者である山本有三が目が悪くて、振り仮名といふものを蛇蝎《だかつ》のごとく嫌つたといふ噂もあるけれど、どうなんだらう。

(3)カタカナ言葉の急激な増加と、漢字使用訳語の大量増加。カタカナ言葉の急激な増加は、説明するまでもありませんね。広告代理店、服飾関係を筆頭に、とにかく何でも使ふ。官僚も好きだなあ。それから、会社名がみんなカタカナが多くなつた。寿屋がサントリーになつたのが代表かな？　映画の題も、ほとんどカタカナでせう。

もう一つ、戦後における漢字使用訳語の大量増加でいふと、その特色は三字語が多くなつたことですね。たとへば「伝導体」とか「価値観」とか「温度差」とか。以前ならば漢字四字で作つたであらうといふものを三字でやる。これは、少しでも短くしたい、能率を増したいといふことからきてゐるのでせうね。

(4)ローマ字の急激な増加。たとへば「王と長嶋」を「ON」と言ふとか、ローマ字がぐつと身近になつた。機械や電気製品の表示もローマ字が多いでせう。エレベーターの表示では地階がBで最上がRですね。「国鉄」が「JR」になつたのもそれです。

(5)漢数字に代つてアラビア数字が圧倒的に多くなつた。そのために普通の文章にアラビア数字がどんどんはいつてくるやうになりました。昔は文章の中にアラビア数字を入れるのは戯文の場合が多かつた。ところが、最近は新聞でもどんどんやるし、小説のなかでもやるのが当り前のやうになつちやつた。

(6)横書きの大量進出。逆に言ふと、右横書きがはやらなくなつた。今や看板でも右横書きはまれですね。赤坂の「とらや」の暖簾《のれん》は右横書きであつて、それと向ひ合つてゐる豊川稲荷の看板は左横書きです。

(7)助数詞が簡素化された。つまり、机や椅子なら一脚（いつきやく）、家なら一軒（いつけん）とそれぞれ数へ方が決まつてゐた。それが近頃はたいてい、一つ二つ、あるいは一個二個と数へるやうになつた。

芝居は一幕（ひとまく）、二幕（ふたまく）ですが、「もう一個観て帰りませう、なんて言ふ。嘆かはしい」と山本夏彦さんが書いてゐたけれども、それくらゐ助数詞が狂つてきた。

⑻敬語の変化。特に戦前は、皇室関係敬語といふのがあつてひどかつたけれど、今は実に簡単で、せいぜい「お」をつけるくらゐになつた。

同時に「れる」「られる」を濫用するやうになつた。つまり、「お見えになつた」「いらつしやつた」と言はないで、「来られた」と言ふ人がかなりゐる。一つにはこの「れる」「られる」多用のせいで、「ら」抜き問題が生じたわけですね。

⑼チョンチョン括弧（〃〃）の多用。「いはゆる」といつたやうな意味で使ひますね。あるいは「厳密にはさうではないけれども、しかしまあ、かう言つてもいいか」とか、「かういつては言ひすぎになるだらうけど、思ひ切つて言つてしまへ、ただし言ひのがれできるやうにこれをつけて置かう」といつた気持でやたらに使ふ。さういふヘンテコリンな、人の風上に置けない言葉の使ひ方をする人が使ふものがチョンチョン括弧だといふ感じがするんだけれど、でも、かなり風上に置いてもいいやうな人でも使つてますね。

⑽これはもつと前に言ふべきことだつたのかもしれませんが、戦後、日本人全体が多弁になつた。それから早口になつた。よくしやべるやうになつたせいで泣かなくなつた。

昔は無口で言語表現がうまくできないから、無念の思ひが心の中にわだかまつて泣いた。そのことについては柳田國男が書いてゐます。赤ん坊は言葉がないから泣くんです。ところが、今やみんな言葉によつて一所懸命表現するやうになつたために、泣くといふ風俗がなくなつた。

だつて戦前は、学校の先生に「それは先生の誤解です」と事情を説明しようとしても、「文句をいふな」と叱られたんだから。それが戦後、言論の自由といふことが言はれ、言ひたいことを言へるやうになつたといふことがあります。

(11)日本語教育で朗読教育、書道教育、漢文教育、この三つが衰退した。初等教育では朗読と書道、中等教育では漢文教育の時間がどんどん減つてきてゐる。

(12)諺、伝統的な言ひまはし、名文句などの教養が薄れた。これは重大なことで、いま日本語問題としていちばん意識されてゐるのはこれぢやないかしら。ほら、「情は人のためならず」を、近頃の若者は誤解して使ふとか言つて慨嘆するぢやありませんか。そこのところで、いろんな本が読まれる。それを同憂の士たちが書くと、わつと飛びついてくるといふ現象です。

こんなところが、戦後の日本語に起つた大変化と言へるでせう。

## 五、日本語があぶない

つまり、わづか百年余りのうちに二度の大変革が日本語に押し寄せた。現在、われわれのしやべつてゐる日本語はこの大騒ぎのせいで出来あがつた。あるいはいまだに大変革のなかにあるといふ状態なわけですね。

二つの大変革の中心部にあるものは、主として漢字、漢語が大量に入つた仮名まじり文によつて西欧的概念を述べる、といふことでした。

しかし言語学的には、日本語は膠着語であり、中国語は孤立語、英語は屈折語と、まつたく別の系統のものです。その異質の三要素をごちやごちやにまぜて使つて日本語といふものを成り立たせてゐる。

明治の人は、「和漢洋の才能が必要だ」と言ひました。夏目漱石や森鷗外は、和漢洋三つをこなしたから偉いといふことになつてゐた。

ところが現在の日本では、彼らのやうな大才の持主ではないごく普通の人が、和漢洋三つをやるしかない。さういふ文明的状況に立たされてゐるわけです。

日本語はむづかしい。もちろん、易しい面もありますよ。発音は、何しろ母音が五つしかないから、易しいとも言へる。でも、それ以外の点ではかなりの難物です。文化の極端な重層性のせいで厄介なことになつた。

国民全体が和漢洋ごちやまぜの日本語を駆使するのは大変な力業であつて、それに成功するためには、社会全体が長い年月をかけてジワジワとやるのがいいんだけれど、さうはゆかなかつた。百年ちよつといふ短期間でわれわれはやらなくちやならなかつた。さういふ運命を背負ひこまされてゐるのが、現代日本人なわけですね。

さつきも言ひましたけれども、言葉の差出すものには大きな二つの局面があります。意味と語感です。

もちろん意味のほうがずつと大事ですが、語感もその前後左右に寄り添つて大切な働きをするわけです。

われわれは大和ことばは意味もわかるし、語感もわかる。漢語になると意味はわかつても、語感はどうも怪しい。カタカナ言葉、西洋語になると語感はいよいよ怪しい。「フィーリング」なんて言葉を、みんなむやみに使ふけれども、この語感、何か怪しい。まして、「ナショナル・コンセンサス」とか、「シビル・ミニマム」とか、語感なんてないんぢやないだらうか。

ただ意味があるだけで、その意味もごく一部の人がわかるだけ。その典型は、「スキゾフレニア」とか、「パラノイア」といつた言葉ですね。略して「スキゾ」とか「パラノ」とか言つたりする（かういふのはネオアカ言葉つていふのかしら）。この手の言葉を聞いても、ふざけてゐるとか、気取つてゐるとか、おひやらかしてゐるとかいふ感じはわかるけれども、中身はどうもよくわからない。そして語感なんか、ぼくにはピンと来ない。

「スキゾ」や「パラノ」は極端な例ですが、こんなふうに意味はあつても語感はわからないといふ言葉がいつぱいあつて、われわれはそれを使つて暮してゆかなければならない。つまり言語的にたいへん不安定な状況で、いはば手さぐりで生きてゐる。だから現代日本人は、不安なわけですね。

その不安、困つた感じ、厭な感じ、それを何とかしなきやならないと思ふから、『現代用語の基礎知識』とか『知恵蔵』とか、あの手の新語年鑑が毎年何種類も出て、よく売れるし、『文章読本』なんていふ本が何種類も、十何種類も書かれ、読まれる。日本語論なんか、何千種もあるんぢやないかな。それが現在の日本語で生きてゐる人間、日本人の言語的状況なんですね。

もう一度、箇条書きにまとめてみませう。

(1)相変らず西欧の概念を背負つた漢語を主にして表現してゐる。カタカナ言葉も多いけれども、たとへば「経済」とか「政治」、「会社」、「欲望」など、大事な概念は結局のところ西洋語の漢語訳だといふ気がします。それは明治時代とほとんど変らないでせう。

ただ、さういつた漢語を使ふ人が飛躍的に増えた。明治時代は知識人しか使はなかつたのに。

そして明治の知識人は今の知識人と違つてものすごく漢文が出来ました。だから西洋語の漢語訳を自由自在に使ひこなせた。今は、知識人だつて漢文の教養がないのに、もつと素養のない大衆が西洋語の漢語訳をあやつらなければならない。

(2)欧文脈的構文の隆盛。これを日本人は戦後、明治時代よりもずつとたくさん使ふやうになつた。たとへば「と言つても過言でない」、これはテレビでもしよつちゆう使ふ言ひまはしですが、「it is no exaggeration to say that……」の訳でせう。

はじめて使つたのは、明治四十三年（一九一〇）竹越与三郎と『日本国語大辞典』にはありますが、いまや欧文脈的構文だと意識されないくらゐよく使はれてゐます。

(3)論理とレトリックの変化。漢文的論理といふものはほとんど使はれなくなり、もつぱら欧文的論理、レトリックが使はれてゐる。しかし、それがどれだけ身についで消化されてゐるかといふと、かなり怪しいんで、何か切れ味の悪い欧文脈的論理、欧文脈的レトリックだといふ気がします。論理がレトリックの裏にくつつき、レトリックが論理の裏にくつついて、一体になつた構造の言ひまはしはまだまだできてゐない。

(4)みんなよく書き、よくしやべるやうになつたけれど、社交性やユーモアといつたものが言葉の技術に伴つてゐない。言葉の技術を増やす方向に行つてゐない。たとへば首相も野党の党首も、おもしろいことをちつとも口にしない。ほんとに藝がないね。

典型的な例があります。「ニューズウィーク　日本版」のはじめのほうにある「パースペクティブ」といふコラム、これは「今週のことば」みたいな欄ですね。

今週の「ニューズウィーク」では、ブッシュ大統領の台詞《せりふ》として、「試合の前半は見たけど、ハーフタイムショーは見なかったんだ。翌日の仕事の準備をして寝てしまったからね。ぜひ詳しく聞かせてほしいな」とあつて、「全米プロフットボールリーグ、スーパーボウルのハーフタイムショーで、歌手のジャネット・ジャクソンが右の胸を露出したシーンを見損なったと記者団に語って」と注がついてゐます。これだけで、十分にニヤニヤすることができるでせう。

ところが、同じ週の「週刊文春」の「今週のことば」――たぶん「ニューズウィーク」から思ひついたコラムでせう――ここには、「ばかなことをした」といふ台詞が載つてゐる。注があつて、「魚類市場に侵入、カニなどを盗まうとした男が、冷凍庫に閉じ込められ、凍死寸前で御用に」。その後にまた「注」があつて、「高くついた、バカのカニ」。『バカの壁』のもぢりですね。

外国人の台詞は、それだけでおもしろいのに、日本人のものは編集者がおちよくらないと恰好《かつこう》がつかない。これは大統領と泥棒の差ではなくて、アメリカ人と日本人の差なんでせう。

日本語の現状は、こんなふうに眺望できると思ひますが、ぼくの気持としてはここからが本論なんです。かういふ混沌とした状態におけるわが国の言語教育は、どういふものでなければならないか、それをぼくは言ひたい。

一国の言語とは、その国の歴史全体によつて出来あがつた組織であるわけでせう。ですから、言葉を歴史から切り離して適当に訂正するなどといふことはできません。もともとが母音終りの日本語を、子音終りにするとか、強烈なアクセントつきにするとか、四声をつけるとかいふことは不可能な話です。さらに、隣りが中国だつたのをやめて、隣りをイギリスにしようといふこともできないんですよ。

われわれは日本語の歴史的条件を受入れて、その条件のなかで巧みに、一所懸命に、生きてゆくしかないんです。そして、かつてそれをある程度うまくやつたから、今の日本の国力があるわけですね。

ジャレド・ダイアモンドといふ人の書いた『銃・病原菌・鉄』(草思社)といふ本があります。その中にかういふ一節がある。

「一九四七年にアメリカ東部のベル研究所で発明されたトランジスタ技術は、八〇〇〇マイル(一万二八〇〇キロ)を旅し、日本で電子機器産業を開花させた。しかし、日本よりもっと近くに位置するザイールやパラグアイに旅して、電子機器産業をおこすことはなかった。(中略)ザイールやパラグアイと違って、日本をはじめとする国々がトランジスタ技術を素早く利用できたのは、それが文字を読み書きできる人びとの国だったからである」

ジャレド・ダイアモンドの『銃・病原菌・鉄』のこの箇所を文部省の役人のなかの何人が読んでゐるか、とぼくは思ふ。といふよりも、このジャレド・ダイアモンドが指摘した事実について、はつきりした認識を持つてゐる文部省の役人が何人ゐるだらう。さらに言ふならば、日教組の幹部たちのなかで、果して何人がこの事実を肝に銘じて意識してゐるだらうか。といふのは、日本語をしつかり教へなければならないことを、文部省も日教組も、まじめに考へてこなかつたと思ふから。

日教組は別にして、文部省だけでゆきますよ。

第一に、文部省のやつた国語改革の理念とは、「日本語は今のままではむづかしすぎるから易しくしよう」といふものであつた。そのために表記法を単純にした（本当は単純にぢやなくて、粗雑にしたり、不合理にしたりしただけなんですが）。彼らの意図としては表記法を単純にすれば日本語は易しくなると思つた。その頭脳程度はまつたくをかしいんだけれども、でも、彼らはさう思つた。

第二に文部省は、日本語を使つてものを考へ、ものを言ひ、ものを書く術を教へることは、国語教育だけではなく、あらゆる教育の基礎なんだ、といふことをきちんと認識してゐなかつた。よく、文科系、理科系なんて分けますが、日本語教育をしつかりやらないと、理科系の教育だつてできないんですよ。

この二つの大変な悪条件の上に、さらに戦後の日本では、テレビといふものが加はつたせいで、日本語問題は大変ややこしいことになりました。

テレビが日本人の語り、聞く能力を急速に増大させたのは確かです。それはそれなりにいいところなんです。しかし同時に、テレビは読み書きの能力を急低下させた。これはあまり言はれてゐないことだけれど、重大なことなんです。

テレビでワイドショーを見ますね。テレビの画面では、司会者がいろいろ説明する。それから、登場する人物が、みんな声のほかに表情を持ち、しぐさを見せる。声の出し方にも、いろんなイントネーションがある。声の大小強弱がある。そのために、言葉それ自体が抽象的に表出されるのではなくて、いはばコンテクスト（文脈）

を持つてゐて、前後関係を説明する補助的な要素をともなつて出てくる。言葉だけがテクストなのではない。一方、新聞・雑誌、そして本といふものは、版面《はんづら》に書いてある字だけがテクストである。たまに挿絵がはいるとかして、さういふコンテクストを伴ふ場合もある。作者名や題が、コンテクストになることもある。この著者は、尊敬されてゐる実業家で、金儲けのコツをよく知つてゐる人だ、といつたことが一種のコンテクストだとも言へます。しかし、一般にさういふコンテクストはごくわづかなもので、テレビの画面でのコンテクストの膨大さとはまつたく違ふ。

昔の子供は、小さいうちから字面《じづら》だけのテクストと対面して、テクストを読み取る能力を自分で養つてきた。ところが、今の子供はその訓練を経てゐない。文字を習ふ前から、テレビで、コンテクストがびつしりついてゐるテクストを見てゐるために、テクストとつきあふ能力をかなり弱められてしまつたのではないだらうか。

文章とは、抽象的な、中立的な読者を想定して書かれるものだし、また、そのやうにして書かなければならない。ところが、テレビ時代にはいつて成長した人々には、テクストがさういふものだといふことを知らない人が多いから、さういつた文章を書きにくくなつた。

もう一つ、ここでつけ加へなければならないのは、携帯電話の大流行です。すぐに推測できるやうに、携帯電話といふのは、テレビ以上にコンテクストに寄りかかつてゐる表現なんです。テクストなし、コンテクストだけがあると言つてもいいかもしれません。

従つて、読書の訓練、作文の訓練は、テレビ時代、さらには携帯電話時代になればなるほど重要なんです。ところがその重要性を文部省は知らなかつた。いまでも意識してゐない。

現代日本人の言語生活がかういふものであるならば、いまこそ明治時代の日本語教育にあつたあのすごい国家的情熱と同じもの、あるいはそれ以上のものが必要とされてゐるんです。たとへば、漢文の基礎をかなり広い範囲の人々が身につけることが望ましい。それを学んでおけば「不可分」といふのは「分つべからざる」だなとわかるぢやないですか。「驚天動地」といふのは「天を驚かし地を動かす」だとか、「是々非々」といふのは「是を是とし非を非とす」だとか、納得がゆくでせう。漢文初歩の習得によつて、言葉の理解がぐつと楽になります。

ところが、文部省は言語教育の情熱を失つてゐる。国家が失つてゐるものだから、国民はやむを得ず『文章読本』や日本語論を読んでゐる。しかも、『文章読本』や日本語論を読むのはかなり年齢層が高いほうであつて、若い人は読みもしない。どうやら、その手の本なんか読んでもわからないつて段階の人が多いらしい。これは重大な問題だと思ひますよ。

それなのに文部省は「ゆとり教育」を提唱し、そのために日本語教育の時間数をうんと減らした。これは恐るべき愚行であつた。

ゆとり教育が言はれたのは、要するに受験地獄がかはいさうだといつた理由ですね。しかし、およそ学校といふものがある以上、入学試験があるのは当り前なのであつて、楽しい入学試験などあるはずはない。あれは昔から不愉快なものに決つてゐるんです。

近頃、東京の、いくつかの都立高校の生徒の一パーセントか二パーセントは、自分の名前を漢字で書けないといふ。かなりの数の大学は一年生のために「教養基礎」ないしそれに類した名前の課目を設け、毎週、漢字の書き取りを教へてゐるといふ。ゆとり教育の結果ですね。そして、漢字を自由に使へなければ、西欧的なものを取入れることはむづかしい。不可能なんです。

今、しなくちやならないのは、ゆとり教育を即刻やめて、日本語の時間数を増やすこと。小学校、中学校で日本語教育を徹底的にやること。それで日本語の読み書きの能力が増せば、ほかの課目だつておのづから力がつく。本を読み、文章を書く力がつけば、それによつてほかの本だつて読める。

そのための時間数が足りないなら、土曜日を休みにすることを廃止しても日本語教育に力を入れなきやならない。

ここでぼくは文部省と日教組に言ひたい。今まで文部省と日教組は、

一、国歌と国旗といふ瑣末事《さまつじ》で争ふこと。

二、日本語教育を疎《おろそ》かにすることで同調すること。

三、ゆとり教育といふ重大な失敗で同調すること。

この三点において長いあひだ、共犯関係にあつた。この共犯関係を即刻やめてもらひたい。これが現在の日本が直面してゐる最も重大な問題だとぼくは思ひます。

## ひらがなを正確に

ひらがなは漢字より難かしい。書き手の癖が出やすいせいか、正確に書けない人が少なからずいる。

たとえば、「わ」と「ゆ」が紛らわしい字はけっこう多いものだ。

「わ」(元の字は和)は、縦線を書いてから二画目に「ろ」と書くのが普通である。それが「ら」となり、なおかつ最初の縦線が「つ」の真ん中に位置していると判別しにくい。ひどい人は縦線に「つ」しか書かなかったり、「｜・一・つ」と三画に分けて書く。

「ゆ」(元の字は由)は一筆で書くか、中央の縦線を「つ」の下の線とも交差させて緩く弧を描く。中央の縦線をまっすぐに書いたり、左に寄せて書くと紛らわしい。「中」の崩し字に見えるものもある。

また、「よ」(元の字は与)の場合、最初に横線「一」を書き、その中央から下へ書いたり、最後の丸めた所から

右へ線が出ていなかったりすることがある。同様に「ま」「は」なども、横線の上へ縦線が出ず、最後が右へ出ないで終わってしまう。

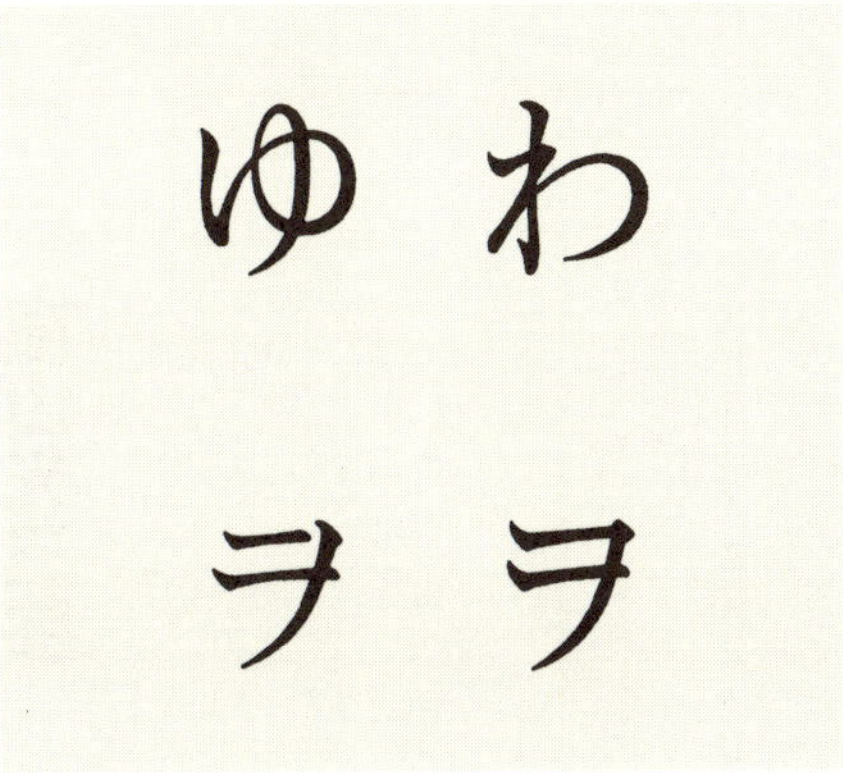


むかし流行した、いわゆる「変体少女文字」のような特徴は、まだまだしぶとく生き残っている。装飾用に書いたものや自分で見るためのノートだったら、どんな字でもかまわない。しかし、癖になったら、なかなか改められなくなるから厄介だ。

ほかに、「う」（元の字は宇）を平べったく「一つ」と書いていたり、縦長に一筆でつながって「り」に見えるものがある。さらに、「お」「な」「ふ」「む」「や」「を」などもバランスのおかしなものがよく見られる。

ひらがなは漢字を草書ふうに崩したものだから、ある程度の許容範囲がある。ひらがなの元になった漢字まで意識する必要はないものの、標準的な読みやすい形を記憶し、書いて再現できることが望ましい。

私自身、カタカナの「ヲ」（元の字は乎）は、「二・ノ」と三画で書くのが正しいと分かっていながら、つい「フ・一」と二画で書いてしまう癖がある。もっとも、活字の現状を見ると、「ヲ」は二画にデザインされた書体もかなり存在していて、三画で書くことを知らない人のほうが多いのではないだろうか。

カタカナでは「ツ」と「シ」、「ソ」と「ン」の違いが怪しくなりがちだ。しかし、手書きでは書き分けにくい文字でも、たいてい文脈で判断できる。

カタカナとひらがなの類似は「ヘ」と「へ」、「リ」と「り」ぐらいだが、カタカナと漢字の類似には「エ」と「工」、「オ」と「才」、「カ」と「力」、「タ」と「夕」、「ト」と「卜」、「ニ」と「二」、「ノ」と「ノ」、「ハ」と「八」、「ヒ」と「匕」、「ム」と「厶」などがあるので注意を要する。（境）

# 小6不用漢字で作文を書くと

嵐山光三郎

過日、余はＮＨＫ映像局《テレビ》の依頼《たのみ》により、母校にて小学六年生児童を対象に「課外授業」なる番組に出演した。余が児童諸君《ぼうやたち》に講釈したのは俳句で、それも追悼句という頗《すこぶ》る難儀な趣向であったが、芋書生の講釈に児童らは一向頓着せず、忽《たちま》ち理解して、天分を発揮された。余は吃驚《びっくり》して首を縮め、小学校六年生の潜在能力に痛みいり、身を低くして畏敬の念をいだいた。小学校六年生つまり十二歳は誕生以来の一廻《ワンクール》にあたり、記憶力と創造力は一ランクアップする。小学校六年生の能力を甘くみてはいけない。

番組は予想外の反響があり、別の名門公立小学校より同様な課外授業を依頼され、金魚屋の出前じゃあるまいしと二の足を踏んだものの、是非ともと懇願され、しぶしぶ作文指導にあたった。官尊民卑の時代にあって、「小学校で覚えなくてよい漢字一八一字」が公布され、それをもとに、卒業記念作文を書くという甚《はなは》だ理不尽なる授業であった。余は「将来の私」という題を黒板に書き示したが、教師より「将」と「私」は「覚えなくていい字です」と注意され「しょう来のわたくし」と書き直した。「しょう来」じゃ「しょ

うき」とも読め、なにやら「しょう」なる物が来た感があり、かえって意味がわかりにくい。児童諸君は小爺《こじい》と呼ばれる程早熟した容貌《かおつき》ながら、「ゆとり教育」なる珍紛漢《ちんぷんかん》指導要領により、一八一字削減にそって作文を書かざるを得ない。学級《クラス》で一番勉強が出来ると評判のK君は、宇宙飛行士になる夢を切々と書いた。ちなみに「宇宙」という字は覚えなくてよい文字となった。

「わたくしは、中学に入りましたら、うちゅう方面にはげむつもりです。うちゅう地いきはどうなっているのか一かんや二さつの本ではわからないので、かく新てきでき重な本を読むよう父にちゅう告されました。おわり。（あとはおまけ）うちは古い家なので、ねずみがちゅうちゅう鳴き、父はしょうちゅうをちゅうちゅうすすり、お姉ちゃんは茶ぱつで同きゅう生とキスしてちゅう、本といえばちゅう臣ぐらがあるぐらいで、まったくちゅうちゅうたこかいな、というかんきょうですが、早く、うちゅうという字はどう書くのか、おぼえたいです。科学雑しには、うちゅうからのし点やき重なてん開図がのっていて三さつ四さつと読んだのはようち園のころでした。はく物《ぶつ》かんへほう問するとうちゅうのひみつや太陽けいのなぞがせん門てきに説明してあり、成そうけんやこきゅう法などき重なことがわかり、うちゅうはき険でききいっぱつですが、たかの花やわかの花みたいな体力をつけて、高きな気もちを発きして、き上の空ろんでなく、ちゅう実に学び、失敗したらうちゅうのはいになります。はい」（傍点筆者）

K君は傍点をつけた文字をすべて知っており、当方よりの、一八一字を使わないという注文をうけ、忍び難きを耐え、意図的にひらがなにした。文中、ちゅうちゅうたこかいなとふざけたのは、書きながら嫌気がさした余裕と察せられる。

つづいてI嬢は医療関係志望である。「そんけいするおばさまはかんごふをしております。死にそうな人をかん病し、おなかがへったかん者にはかんぴょうまきを作り、かんそうしたへやはまどから風をいれ、かんかんとかねがなれば火事だと言い、これはかん単そうにみえますが、かん単ではないです。かん者によってはかんにさわることを言う人もいるのに、そこでかんかんに怒ってはかんごふはいっかんの終りです。きほんてき人けんはけん法で保しょうされていますから、病人には生きるけん利があって、そのきょう中を知り、ときにはきょう里の話を聞いてあげ、そんけいし、きんむ中はこきゅうできないほどきん肉がいたくなることもたびたびだそうです。かんごふひはんがきかれるこのごろですが、しゅうしんは夜おそく、しゅう入はわずか、しゅう業時間はながく、かんごふはせん門しょくなのに、わりのいい仕事とはいえません。がをすて、飛んでくるがを落とし、がまんして、がっと目を見開いてがっと生きるところがそんけいできます。わたくしはしよくをすて、がをはらず、理科けいにすすみかんごふ界改かくにあたりたいと思うのです」

「私」「尊」「敬」「看」「千」「窓」「簡」「巻」「権」「勤」「呼」「吸」「筋」「就」「収」「専」「我」「系」「革」「欲」「捨」などは、覚えなくてもよくなる文字である。「私」が使えぬため、私も思い余って「余」を使うこととあいなった。

　I嬢は目玉がくりくりとしてすこぶる利発であり、看護婦の過重労働に関する視点も甚だしっかりし、一流の看護婦になることは間違いあるまい。とはいえ闘争委員長過激派になりそうな気配もあり、患者に関する記載だけは、くれぐれも注意せられて、日誌に誤字脱字のないよう願いたい。

　T君は裁判官志望で、それもその筈《はず》、父上が地方裁判所担当判事補という。度の強き眼鏡をかけ、口をへの字に結んだ一途なる正義漢の風貌である。

「わが道はわがせいなるぜんのざにある」

　最初からよくわからぬので、その意を問うと、「誠なる善の座」ということらしく、これは裁判官席をかく言うらしい。ふむふむとしたり顔で頷きつつ、さらに読みすすんだ。

「はい徳のしょうは、しょうがい、しょうがいを与え、しょうがいはしょうがいあり、しょうがいはできず、しょうがいもできず、じょうがいでじょうかいする。これはしょうがない」

　ますますわからなくなり、恥をしのんでさらに意を問うと「背徳の将は、生涯、（他人に）傷害を与え、（被害者の）障害は生涯（にわたって）あり、渉外（すること）はできず、生害（自殺）もできず、城外で上界する」という中国故事からきたものらしく、「父さんに教えられました」と言う。誠にあいすまぬ次第で当方の無知を恥じいるばかりだ。

「しゅうし、しゅうしによるしゅうしをしてはいけない。しゅうしまたしゅうしにあってもさばきのしゅうしのしゅうしをしゅうしするよう、中学ではしゅうじつ、じゅうじつのしゅうじをしゅうしたいのです。おわり」

なにが終りだこの秀才《がき》めと閉口すると、こちらが聞く前に開説してくれた。

「（裁判は）終始、宗旨による終止（判決）をしてはいけない。愁思また秋思（という精神状態）にあっても裁きの終止（判決）の修史（歴史）を修士（修練）するよう、中学では終日、充実の習字を修し（学び）たい」

わかったのは「おわり」というところだけで、最初から漢字で書いて呉れればわからぬでもなかった。この偏屈者は薄ら笑いを浮かべ、当方をからかっている気配があり、どうせろくな判事にはならぬであろう。

## ゆとりのために「創」造力を殺す

Ｉ君は政治学者志望で、「将来は総理大臣をめざす」と言うから志高き学徒である。小学生ながらでっぷりと肥り、他の生徒を威圧する体軀は、貫禄十分であった。

「わたくしは、天のうへい下とこうごうへい下と、こう太子様を中心とする、ゆうがで、平和で、大しゅうが太しゅをとうとび、大じゅの国にしたいのです。そのため、内かくは内かくをはずし、内かくをつくせいさくをせいさくし、せいさつし、せいさつを忘れず、せいさくはせいさつすればいいのです」

「皇」「陛」「后」は覚えなくてよいことになるから、天皇陛下は「天のうへい下」となる。ひらがなにすることにより、頭の悪い子なら「天のうへ、い下」と読み間違えるやもしれず、これはゆゆしき事態だ。憲法で天皇の地位が規定されている以上、少くとも「皇」は残すべきであろう。「こうごう」もしかりで、同じ音で「香合」「校合」「咬合」があり、「こうたいし」の「こうたい」にしたところで、皇を使わねば「交代」「抗体」「後退」と同音になる。皇居は、「抗拒」「溝渠」「薨去」と同音で、皇でなければ縁起が悪い。「皇」は天子、君主の意で「すめらぎ」である。日本は皇御国《すめらみくに》であったことをゆめお忘れになるな。

I君の作文の後半を判読するに、「大衆が太守（大名）を尊び、大樹の国にしたい」、「内閣は内郭（内部の壁）を外《はず》し、内角（核心）をつく政策を制作し、精察し、省察を忘れず、政策は制札（立て札）すればよい」とでもなるのであろうか。

「創」の字をはずしたのは、改変された学習指導要領が、いかに創造性に欠けているかをあらわしている。創意も、創案も、独創もない珍竹林の初等教育教育課程分科審議会が、小学校の文字より「創」の字をはずしたことは、二〇〇二年という時代の日本が崩壊することを暗示した「事件」として、長く歴史にとどめられるであろう。「ゆとり」を与えるために「創」を殺した。「ゆとりと創《つくり》を秤《はかり》に掛けりゃ、ゆとりが重たい学校の世界」てなもので、唐獅子牡丹の節で歌うがよかろう。

小説家志願のG嬢がいた。小学生には、学級《クラス》に一、二名は「小説家になる」という安本丹《あんぽんたん》がいて、甚だ差出《さしで》がましいが、現在《いま》は小説本が頓と売れず、文芸衰退期であるのに、これは奇妙奇態なる現象だ。この作文はひらがなが多いため、最初から（　）内に、「覚えなくてもよくなる字」を入れることにする。

「わたし（私）はじゅん（純）なは（派）です。えい（映）画もすきです。文化ちょう（庁）が一八一字もへらしてくれたのは、そのぶん、ゆとりをとれというかいかく（革）ときいて、とてもなっ（納）得できました。はい（俳）ゆう（優）にもなりたいのですが、ようし（姿）はなみ（並）ですし、おたく（宅）てきなわけ（訳）もあり、あな（穴）に入りたいほどで、かた（片）ときも、そのことがあたまにあり、ほね（骨）がおれて、すな（砂）をかむような日がつづいています。こま（困）ってしまって、とりみだ（乱）し、はなかみを一まい（枚）二まい（枚）とかぞえたりして、うら（裏）にわで本やまんがざっし（誌）を読み、せい（聖）なるよく（欲）を、たから（宝）もののようにしまっています。つくえ（机）を前にして、このさびしくて、わす（忘）れられない日々をいつかよ（呼）びおこし、ゆ

## 小学校で書けなくてもよくなる 6年の配当漢字

危憲裁衆寸尊糖並幼
簡権済就推存党奮優
看絹座宗垂臓討腹郵
巻穴砂収仁蔵展秘訳
干激困樹針操痛批模
株劇骨若蒸層賃否盟
割警穀尺城装潮晩密
閣敬刻捨障創頂班幕
革系鋼射傷窓庁俳枚
拡筋降磁将奏著肺棒論
灰勤紅誌除善忠背忘朗
我郷皇詞諸染宙拝亡臨
沿胸孝視署洗値派訪律
延供后姿処泉暖脳宝裏
映吸誤私純専段納暮覧
宇疑呼至熟宣誕認補卵
域貴己蚕縮誠探乳片乱
遺揮厳冊縦聖担難閉翌
異机源策従盛宅届陛欲

（181字）

う（郵）便で小せつをとう書して出ぱん社にとど（届）け、女りゅうさっかのたまご（卵）になり、ちょ（著）書もいっぱいかいて、おしろ（城）のような家にすみ、いずみ（泉）でかみをあら（洗）い、はり（針）しごともして、ばん（晩）ねんは、しゅう（収）入をいっぱいにして、そん（存）ざいかんのある人となり、まど（窓）のそとのわか（若）葉を見て、ゆう（優）がにく（暮）らしたいのです」「左様でございますか」と余は眉をひそめつつ驚いている暇もない。いずれにせよ地面がずり落ちたような思いがし、天をあおいだ。と、まあいくつかの作文を紹介したが、余が本当に斯様な課外授業をなしたのか、と疑う方がいるやもしれぬ。

それはまったく御推察の通りで、この小学生作文は、「覚えなくてもよくなる漢字一八一字」（編集部注　来年度から、読めればよくて書けなくてもよくなる）を揶揄するため余が、捏《でっ》ち上げた内容である。捏ち上げつつも、消された一八一文字を鎮魂する無念の意を察せられよ。小学生より文字を奪って、文化ちょうは如何程の積りかね。あ、文化庁ではなくて、文部科学省がお決めになられたから「庁」

なる文字はいらぬという所存か。

文字の省略及び簡便化、切り捨ては世界的嘲流である事は存じている。中国や韓国は略字あるいは新字を編み出し、アメリカはghを略してfで統一したとも聞く。日本に於ても英米に留学し、東大総長、文部大臣を歴任した外山正一は、明治十七年『羅馬字会《ローマじかい》を起すの趣意』を書いて、国字をローマ字化しようと企んだ。漢字切り捨て論者は、漢字を学習する授業を短縮し、そのぶん算数、理科などの授業をあて、児童を理科系とすれば、総体として生徒の頭脳が向上するという幻想を抱いている。それはすでに十分になされ、幾多の国学が消えていった。それでもまだ足らぬと案じておられるのかね。

漢字は文化であり、言葉は民族の命である。とまあ、紋切型の口上はかえすがえすも避けたいが、覚えなくてもよいこととなった一八一文字をとくと御覧じろ。どこに問題があり、どこが悪いのかをきちんと説明し給えよ。

言葉の削除に関しては差別用語の先例がある。どの表現まで削除するかは論のあるところだが、言葉は記号のみでなく実態そのものであり、明らかに削除すべき用語は確実にあった。言葉じたいが差別である以上、そういった差別用語を死語としたのである。

一切の言葉は記号でありつつ実態である。「私」という文字がなくなれば私は喪失し、「我」の文字がなくなれば「我」も「自我」もない。自我じゃなくて「自が」と書けば「自画」との区別がつけにくく、どうやって自が自さんするのか。「つくる」には「作る」「造る」「創る」があり微妙に色あいが違う。

「作る」は「製作する」という意味である。「造る」は「製造」する意である。家を造り、醤油を醸造する。「創る」には創意工夫の心意気があり、小説は「創作」であり、新しいものを「創造」する。「創作」が「そう作」となれば、なにやら田舎地主の名である惣作と間違えやすく、あるいは捜索と混同しやすい。「そう」の音では他に「操」「層」「装」「窓」「奏」がはずされた。体そう、貞そう、そう業が消された。そう業と書くと創業と操業の区別がつかないではないか。「層」がだめで、地そう、断そう、高そう、となる。「装」がだめで、そう置、服そう、そうしょく（装飾）。「窓」がだめで、車そう、同そう生、深そう。「奏」

がだめで、演そう、そう者、そう功か。そうかそうか、そういうことで余も一筆作文を書いてみた。
「らんぼうなかいかくは六年生のそうぞう力をつぶし、わけのわからぬさくをけんりょくでおしつけるぼうこくのやからです。中学の教科書からは、すでにそう石がけされ、いったい日本人の言葉はどこへいく。せん門家にきめられてほねもはいもむねもしんけいもはらもぞうもつもひらがなで、こきゅうまでそんざいしなくなる」
と、まあ余もなにをいいたいのか、あたまがぐらぐらしてきたぜ。

## 大栗

『電車男』が流行っている。顔文字やアスキーアートだけでなく、電網上の会話にはまったく新しい表現が次々と登場し、着々と浸透し定着しつつある。

　サイトへの投稿、書き込みなどに縁がないわたしでさえ、友人との携帯メールで「ごめん。ちょっと遅れる鴨」とか「とりあえず電話汁！」などと書いている。乙：お疲れ様　キボン：希望する　チャソ：～チャン　漏れ：俺　香具師：奴（やつ）…キーボードの打ち間違い、漢字変換ミス、さらには記号や文字の形状の類似から、「おもしろいじゃん、これのほうが」と認知されていくコトバ。

　ペンで手紙を書くとき、変換ミスはない。書き間違えや記憶違いだけだ。誤字は失礼にあたるからと、間違えるたびに新しい便箋に書き直していたものだ。分からない漢字は辞書をひいたし、塗りつぶして書き直したときには末尾に「取り急ぎ誤字多く乱筆にてあしからず」と書き添えたり。

　以前、添付ファイルをメールで送ってきた仕事先のかたから「二件大栗します。ご確認ください」と添え書きがあった。手書きなら書き間違えることはないし、こんな手紙を貰ったら「なんなんだ、こいつは」と思うのだろうが、メール文なら「うふふ」で済まされるのだ。（妹）

# 数学者の国語教育絶対論

藤原正彦

## 国語はすべての知的活動の基礎である

情報を伝達するうえで、読む、書く、話す、聞くが最重要なのは論を俟《ま》たない。これが確立されずして、他教科の学習はままならない。理科や社会は無論のこと、私が専門とする数学のような分野でも、文章題などは解くのに必要にして十分なことだけしか書かれていないから、一字でも読み落としたり読み誤ったりしたらまったく解けない。問題が意味をなさなくなることもある。かなりの読解力が必要となる。海外から帰国したばかりの生徒がよくつまずくのは、数学の文章題である。読む、書く、話す、聞くが全教科の中心ということについては、自明なのでこれ以上触れない。

それ以上に重大なのは、国語が思考そのものと深く関わっていることである。言語は思考した結果を表現する道具にとどまらない。言語を用いて思考するという面がある。ものごとを考えるとき、独り言として口に出すか出さな

いかはともかく、頭の中では誰でも言語を用いて考えを整理している。たとえば好きな人を思うとき、「好感を抱く」「ときめく」「ほのかに想う」「陰ながら慕う」「想いを寄せる」「好き」「惚れる」「愛する」「恋する」「片想い」「横恋慕」「相思相愛」「恋い焦がれる」「身を焦がす」「恋煩い」など様々な語彙で思考や情緒をいったん整理し、そこから再び思考や情緒を進めている。これらのうちの「好き」という語彙しか持ち合わせがないとしたら、情緒自身がよほどひだのない直線的なものになるだろう。人間はその語彙を大きく超えて考えたり感じたりすることはない、といって過言でない。母国語の語彙は思考であり情緒なのである。

言語と思考の関係は実は学問の世界でも同様である。言語には縁遠いと思われる数学でも、思考はイメージと言語の間の振り子運動と言ってよい。ニュートンが解けなかった数学問題を私がいとも簡単に解いてしまうのは、数学的言語の量で私がニュートンを圧倒しているからである。知的活動とは語彙の獲得に他ならない。

日本人にとって、語彙を身につけるには、何はともあれ漢字の形と使い方を覚えることである。日本語の語彙の半分以上は漢字だからである。これには小学生の頃がもっとも適している。記憶力が最高で、退屈な暗記に対する批判力が育っていないこの時期を逃さず、叩き込まなくてはならない。強制でいっこうに構わない。

漢字の力が低いと、読書に難渋することになる。自然に本から遠のくことになる。日本人初のノーベル賞をとった湯川秀樹博士は、「幼少の頃、訳も分からず『四書五経』の素読をさせられたが、そのおかげで漢字が恐くなくなった。読書が好きになったのはそのためかも知れない」と語っていた。国語の基礎は、文法ではなく漢字である。

読書は過去も現在もこれからも、深い知識、なかんずく教養を獲得するためのほとんど唯一の手段である。世はIT時代で、インターネットを過大評価する向きも多いが、インターネットで深い知識が得られることはありえない。インターネットは切れ切れの情報、本でいえば題名や目次や索引を見せる程度のものである。ビジネスには必要としても、教養とは無関係のものである。テレビやアニメなど映像を通して得られる教養は、余りに限定されている。

読書は教養の土台だが、教養は大局観の土台である。文学、芸術、歴史、思想といった、実用に役立たぬ教養なくして、健全な大局観を持つのは至難である。

大局観は日常の処理判断にはさして有用でないが、これなくして長期的視野や国家戦略は得られない。日本の危機の一因は、選挙民たる国民、そしてとりわけ国のリーダー達が大局観を失ったことではないか。それはとりもなおさず教養の衰退であり、その底には活字文化の衰退がある。国語力を向上させ、子ども達を読書に向かわせることができるかどうかに、日本の再生はかかっていると言えよう。

**国語は論理的思考を育てる**

アメリカの大学で教えていた頃、数学の力では日本人学生にはるかに劣るむこうの学生が、論理的思考についてはまことによく訓練されているので驚かされた。大学生でありながら(−1)×(−1)もできない学生が、理路整然とものを言うのである。議論になるとその能力が際立つ。相手の論理的飛躍を指摘する技術にかけては小憎らしいほど熟練しているし、自らの考えを筋道立てて表現するのも上手だ。

これは学生に限られたことでなく、暗算のうまくできない店員でも、話してみると驚くほどしっかりした考えを持っているし、スポーツ選手、スター、政治家などのインタビューを聞いても、実に当を得たことを明快な論旨で語る。

これと対照的に日本人は、数学では優れているのに論理的思考や表現には概して弱い。日本人学生がアメリカ人学生との議論になって、まるで太刀打ちできずにいる光景は、何度も目にしたことだった。語学的ハンデを差し引いても、なお余りある劣勢ぶりであった。

当時、欧米人が「不可解な日本人(inscrutable Japanese)」という言葉をよく口にした。不可解なのは日本人の思想でも宗教でも文学でもなく(これらは彼等によく理解されつつあった)、実は論理面の未熟さなのであった。少くとも私はそう理解していた。科学技術で世界の一流国を作り上げた優秀な日本人が、論理的にものを考えたり表現する、というごく当り前の知的作業をうまくなし得ないでいること。それが彼等にはとても信じられないことだったのだろう。

日本人が論理的思考や表現を苦手とすることは今日も変わらない。ボーダーレス社会が進むなか、阿吽の呼吸とか腹芸は外国人に通じないから、どうしても「論理」を育てる必要がある。いつまでも「不可解」という婉曲な非難に甘んじているわけにはいかないし、このままでは外交交渉などでは大きく国益を損うことにもなる。

数学を学んでも「論理」が育たないのは、数学の論理が現実世界の論理と甚だしく違うからである。数学における論理は真(正当性一〇〇パーセント)か、偽(正当性〇パーセント)の二つしかない。真白か真黒かの世界である。現実世界には、絶対的な真も絶対的な偽も存在しない。すべては灰色である。殺人でさえ真黒ではない。死刑がある。殺人は真黒に限りなく近い灰色である。

そのうえ、数学には公理という万人共通の規約があり、そこからすべての議論は出発する。現実世界には公理はない。すべての人間がそれぞれの公理を用いていると言ってよい。

現実世界の「論理」とは、普遍性のない前提から出発し、灰色の道をたどる、というきわめて頼りないものである。

そこでは思考の正当性より説得力のある表現が重要である。すなわち、「論理」を育てるには、数学より筋道を立てて表現する技術の修得が大切ということになる。

これは国語を通して学ぶのがよい。物事を主張させることである。書いて主張させたり、討論で主張させることがもっとも効果的であろう。筋道を立てないと他人を説得できないから、自然に「論理」が身につく。読書により豊富な語彙を得たり適切な表現を学ぶことも、説得力を高めるうえで必要である。

日本人が口舌の徒になる必要はないが、マイクをつきつけられた街頭の若者、スポーツ選手、芸能人、などが実質のあることをほとんど何も言えないのを見るにつけ、国語教育について考えさせられる。

## 国語は情緒を培う

現実世界の「論理」は、数学と違い頼りないものであることを述べた。出発点となる前提は普遍性のないものだけに、妥当なものを選ばねばならない。この出発点の選択は通常、情緒による。その人間がどのような親に育てられたか、どんな先生や友達に出会ったか、どんな本を読み、どんな恋愛や失恋や片想いを経験し、どんな悲しい別れに出会ってきたか、といった体験を通して培われた情緒により、出発点を瞬時に選んでいる。

また進まざるを得ない灰色の道が、白と黒の間のどのあたりに位置するか、の判断も情緒による。「論理」は十全な情緒があってはじめて有効となる。これの欠けた「論理」は、我々がしばしば目にする、単なる自己正当化に過ぎない。ここでいう情緒とは、喜怒哀楽のような原初的なものではない。それなら動物でも持っている。もう少し高次のものである。それをたっぷり身につけるには、実体験だけでは決定的に足りない。実体験だけでは時空を越えた世界を知ることができない。読書に頼らざるを得ない。まず国語なのである。

高次の情緒とは何か。それは生得的にある情緒ではなく、教育により育くまれ磨かれる情緒と言ってもよい。たとえば自らの悲しみを悲しむのは原初的であるが、他人の悲しみを悲しむ、というのは高次の情緒である。

他人の不幸に対する感受性も高次の情緒の一つである。伝統的に、この情緒を育てるうえでの最大の教師は貧困であった。働いても働いても食べて行けない、幼い子ども達が餓死したり医者にもかかれず死んでいく、という貧困である。有史以来四十年ほど前まで、我が国にはこの貧困が常に存在した。これが失われてからこの情緒は教えにくくなった。日本に貧困を取り戻す、というのは無論筋違いである。幸いにして我が国には、貧困の悲しみや苛酷を描いた文学が豊富にある。これら小説、詩歌、作文などを涙とともに味わい、その情緒を胸にしっかりしまいこむことが大切と思う。

高次の情緒には、なつかしさ、という情緒もある。人口の都市集中が進み、故郷をもたない人々が増える中で、この情緒も教えにくくなっている。幸いにして、望郷の歌は万葉の頃から啄木や茂吉に至るまで、素晴しいものが数多くある。朔太郎や犀星などの詩まで含めると、この情緒は日本のお家芸とも言える。国語の時間にこれらを暗誦し、美しいリズムとともに胸にしまいこむことが望ましい。

日本の誇る「もののあはれ」もある。我が国の古典にはこればかりと言ってよいほど溢れている。中世文学を研究している英国の友人によると、やはり「もののあはれ」が英国人には難しいと言う。英国にもこの情緒はもちろんあるが、日本人ほど鋭くないので言語化されていないらしい。古典を読ませ、日本人として必須のこの情緒を育くむことは、教育の一大目標と言ってよいほどのものである。

美しいものを愛《め》でそれに感動することも大切である。この情緒は一般に考えられているよりはるかに重要なものと思う。数学者にとってなら、これは最重要と言ってよい。美感や調和感なくしては、いくら論理的思考力が抜群であっても、どちらの方向に論理を進めてよいのか分らない。何を研究すべきかが分らないし、どの道筋を辿るべきかも分らない。数学研究とは、高い山の頂にある美しい花を取りに行くようなものだから、その美しさに感動しなければ、そもそも研究する気にさえなれない。美的感受性の重要性は、私の話した自然科学者のほとんどが、その分野でも同様に大切と言ったから、自然科学全般にあてはまるのだろう。

美しいものへの感動を得るには、自然や芸術に親しむことも大事だが、それだけでは不充分である。美しい詩歌、漢詩、自然を謳歌した文学などに触れることで、さらに美への感受性が深まる。「小諸なる古城のほとり雲白く遊子悲しむ……」とか「国破れて山河あり城春にして草木深し……」といった詩の、美しい韻律に酔いしれることが大切である。ここでも朗唱暗誦がよい。美への感受性を深めるに止まらず、品格を高めるという思いがけない副産物もあろう。

勇気、誠実、正義感、慈愛、忍耐、礼節、惻隠、名誉と恥、卑怯を憎む心など武士道精神に由来するかたちや情緒も、感動の物語とともに吸収するのがよい。終戦後六十年近くたち、親や教師はもはやこれらを説教により教えることができなくなっているからである。これらは道徳であり、日本人としての行動基準でもあるから、幼年期に徹底しないといけない。いじめなどは、卑怯を教えない限り、止むはずもない。

家族愛、郷土愛、祖国愛、人類愛も、ぜひ育てておかねばならない。これらは人間としての基本であるばかりか、国際人になるためにも不可欠である。どれか一つでも欠けていては、国際社会で一人前と見なされない。地球市民などという人間は世界で通用しない。

私は小学校四年生か五年生の頃、デ・アミーチス作の「クオレ」を読んだ。イタリアの小学校の日常を通して、勇気、友情、惻隠、卑怯、家族愛、祖国愛などを描いた名作である。中に「母を尋ねて三千里」「難破船」など、感動の物語がいくつか挿入されている。私はこれを涙を流しながら何度も読み返し、大きく感化された。腕力のあるガルローネ少年が、貧しい行商人の息子がいじめられるのを力ずくで守る、などという所にいたく感激した。弱い者は身を挺してでも守る、という態度はすぐ実行に移したほどである。「フィレンツェの少年筆耕」や「母を尋ねて三千里」では親子の情愛を、「難破船」では自己犠牲の美しさを、「バドバの少年愛国者」では祖国愛を学んだ。この読書で感動とともに胸に吸いこんだものは、五十年近くたった今日に至るも消えず、私の情緒の一部となっている。少年の頃に読んだ本が半世紀を経てなお息づいているのである。

余談だが、三十代の頃、ある雑誌に「幼少時に読んでもっとも影響された本を再読し感想を書け」という原稿を依頼された。「クオレ」を取り出し読み直してみた。まったく感動しなかった。私はこの時、「小学生の時に読んでおいてよかった」とつくづく思った。

しばらく前のことだが、少年少女世界文学全集といったシリーズの広告に、「早く読まないと大人になっちゃう」という文句が添えてありほとほと感心したことがある。読むべき本を読むべき時に読む、というのが重要で、この時を逸し大人になってからではもう遅い。情緒を養ううえで、小中学生の頃までの読書がいかに大切かということである。

これら情緒の役割は、頼りない論理を補完したり、学問をするうえで重要というばかりでない。これにより人間としてのスケールが大きくなる。

地球上の人間のほとんどは、利害得失ばかりを考えている。これは生存をかけた生物としての本能でもあり、仕方ないことである。人間としてのスケールは、この本能からどれほど離れられるかでほぼ決まる。脳の九割を利害得失で占められるのは止むを得ないとして、残りの一割の内容でスケールが決まる。ここまで利害得失では救われない。

ここを美しい情緒で埋めるのである。日本の官僚は省庁の利益ばかりを考える、と言われている。これをもっとも考慮した人がもっとも出世するからである。利害得失である。もし官僚の脳の一割に、もののあはれが濃厚にあれば、その判断は時に利害を離れることもありうる。

たとえば日本の農業を考える時、経済的には外国から安い農産物を自由に輸入することが最善としても、すぐにそう決断しないかも知れない。農業の疲弊は田園の疲弊であり、美しい自然の喪失である。もののあはれは、四季の変化にめぐまれた日本の繊細で美しい自然により育くまれるから、この情緒も衰退するだろう。世界に誇るこの情緒は日本文化の淵源であり、経済上の理由で大きく傷つけてよいものだろうか、と反問するに違いない。こう考えることができるだけで、経済一直線の人に比べスケールの差は歴然である。時には美しい情緒を優先し判断することもあるだろう。

これら情緒は我が国の有する普遍的価値でもある。普遍的価値を創出した国だけが、世界から尊敬される。経済的繁栄をいくら達成したところで、羨望や嫉妬の対象とはなっても尊敬されることはありえない。

英国は二十世紀を通じて経済的に斜陽だった。最近少しばかり好調になったがそれでも個人当りＧＤＰは日本のそれの六割程度である。にもかかわらず世界は英国の言うことにじっと耳を傾ける。英国は議会制民主主義を産んだ国である。力学のニュートン、電磁気学のマクスウェル、進化論のダーウィン、経済学のケインズを産んだ国である。シェイクスピアとディケンズの国である。このような普遍的価値に対し我々は敬意を払うから、経済的にどんなに斜陽であってもその意見を傾聴する。

ドイツやフランスも同様である。我が国も紫式部や芭蕉といった十世紀に一人の天才を産んできた。華道、茶道、書道、能、狂言、歌舞伎、柔道、剣道、など枚挙にいとまないほどの普遍的価値を産んできた。普遍的価値とは大発見や大発明に限らない。ごく卑近なもの、ごくローカルなものの中にもある。親孝行も交番もそうだし、リストラのない社会も終身雇用という福祉もそうであった。グローバリズムの跳梁に幻惑され、気軽に捨てたものの中に宝物がいくつもある。

日本人特有の美しい情緒は、これからの世界が必要とする普遍的価値である。産業革命以来、世界は欧米主導のもと、論理、合理、理性をエンジンとして、ただひたすら走り続けてきた。その間、帝国主義や共産主義は亡び、いま資本主義も大きな転機にさしかかっている。

論理、合理、理性が極めて重要なものであることは言うまでもない。ただ経済混乱、拝金主義、核兵器、環境、治安、麻薬、テロ、エイズ、などといった、最近の世界の荒廃を見ると、これらだけで人類がやっていけないことも明らかになってきたと思う。

この苦境を打開するため、日本人一人一人が自然への繊細な感受性、自然への畏怖、もののあはれ、なつかしさ、などといった情緒を身につけ、論理や合理の他にも大切なものがある、ということを世界に発信し教えていくことが求められる。これこそが、日本人が今後果たしうる、最大の国際貢献と思う。成否は国語にかかっている。

# ＩＴ時代の「活字能力」

板坂　元

アメリカで第二次世界大戦後にタイプライターが普及したときから、アメリカ人は字が非常にへたになった。全部タイプライターでやってしまうために、手の感触というか、感覚を忘れてしまったのではないかと思う。大学の先生や学生の中には、タイプライターを前におかないとものが考えられなくなってしまっている人もいたという。

それと同じようなことが、日本のＩＴ革命によって出てくるかもしれない。パソコンがなければアイディアが浮かばない、というような世代が出てくるのではないか。

おそらく考える能力にも変化が起こってくるのではないかと思う。日本人の場合、漢字離れが進んでいるとはいっても、漢字と言葉が結びついている。漢字というものは、ひとつのシンボルであり、絵でもある。長い歴史の中で、漢字まじり文の文体はすでにできあがっていて、それがわれわれの頭の中にインプリントされているか

ら、逆に邪魔になることもあるのではないか。それに縛られて、まったく新しい、クリエイティブな、オリジナルなものを書けなくなってくるという現象もこれから起こってくるのではないかと思う。

## IT革命による言葉の退化

パソコンを使うと、読み方さえ打ち込めば漢字に簡単に変換できる。なんとなく漢字の形を覚えていれば文章ができてしまい、ある意味で怠け者にしていっているのかもしれない。気軽に、あまり深く考えないで文章を書いているうちに言葉は確実に退化していく。

たとえば、われわれの日常生活には、ベタベタしたとか、しぶいとか、味や感覚をあらわす言葉がたくさんあるのだが、それがだんだん簡素化されてきている傾向が見られる。このごろテレビなどを見ていると、みんな「おいしい」としか言えなくなっている。味を表現するときに使われる言葉が、だんだん乏しくなっているような気がするのだ。それが子どもたちにも現れていくのではないだろうか。

甘いとか、辛いとか、そういう単純な表現で全部を割り切ってしまっている。本当は繊細な、微妙な描写をしなければならない味や、えぐいとか、特定の単語でしか表現できない味もたくさんあるはずである。

少年たちによる殺人や、母親が近所の友だちの子を殺してしまった事件などは、本当は複雑な心理の葛藤が心の中にあるはずだ。複雑な思考をするべき部分がシンプル化して、「あいつ、いやだ、殺してしまえ」のような短絡的な事件が起こるのではないだろうか。

シドニー・オリンピックのサッカーの試合で、日本チームがゴールしたときに、あるアナウンサーが「ゴール」と何度も何度も叫んだのはみなさんもご存じだと思う。うれしい気持ちもわかるが、ああいう単純な言葉でしか表現できなくなっているのだ。

ひとつには、もっと字を読ませなくてはいけない。言葉というのは、字と結びつかないと本当の知性につながらないからだ。

原稿用紙に書く、便せんに書くなどして、情報を伝達することが必要でもある。パソコンではどこか感情がこもらないというか、伝わらない面があるように思われる。

情報というのは、メッセージが通じればいいというだけではない。女性からキレイな字の手紙をもらったら、それだけで美女を想像したりするものだ。そういう、言葉プラスアルファの感性というか、美的なものが、まだ日本では大事な役割を果たしていると思う。

手書きで一生懸命書いた手紙というのは、やっぱりメールやワープロで打たれた手紙よりもうれしい、という気持ちがまだわれわれの中にあるのではないだろうか。

## 子どもには手紙を書かせたい

子どもたちの論理的思考を育むのに、文章を書くことは非常に大事である。人を説得する、人に何か行動させるには、言葉できちんと論理的に説明しなくては効き目がない。そこで、どう言えば相手が動いてくれるのかというのを考えるのが論理的思考なのだから。

そのために、子どもに一番いいのは、手紙を書かせることだと思う。～が欲しい、～へ行きたいとか、手紙を書けば結果がちゃんと予想できる。そういう結果に向かって自分の欲求なり、希望なりを書くということは、やはり、文を作る基本にある。

電話をかけさせるのもいい。どういう形のものが欲しいとか、電話でそれを伝えるとき、より具体的に言わないと相手にはわからない。電話もコミュニケーションにとって非常にいいトレーニングだと思う。

## 殴られる痛さがわかる人間に

パソコンでしかコミュニケーションできない人がいるとしたら、やはりそれは異常だと言わざるを得ない。殴られたことのない人間には殴られる痛さはわからないし、しょっぱい味とすっぱい味の違いは両方のものを食べたことのある人間にしかわからない。

英語では「パイに指をつっこんでみろ」という言葉がある。何事も見ただけではわからない。指をつっこんでみなければわからない、ということだ。そういう感性、情緒的な部分を子どもたちに教え込んでいかないと、いくらキーボードを打つのが上手でも、現実と対したとき空回りするだけだと思う。

だから、機械を通して言葉を使うだけではなく、自分が体で覚える、感覚で身につける、学習する、それをしないといけない。

言葉の場合には、とっくみあいのケンカをして痛い思いをしたり、あるいはおいしいものを食べたり、というような感覚とか、そういう体験が非常に大事なのである。知性ではなくて感性の問題だ。それを豊かにしておかないとダメだと思う。小学校などで野球やサッカーなどをやっていれば、蹴られたら痛いと知ることができる。人の痛さも自分の痛さも体験して子どもは成長していくのだから。

アメリカではSHOW&TELLというのを非常に大事にしていて、どこの小学校でも行っている。学校に自分の家にあるものを、もらったものでもなんでもいいから、持っていって、ほかの子に見せて、これはこういうものだと説明をする。すると質問が出る。それにうまく、ちゃんと答えられなくてはいけない。そういう訓練をするのだ。

みんなの前で説明するのは、要するに作文と同じで自己表現である。人の質問に答えるというのはコミュニケーションであるし、SHOW&TELLは大事な言語教育なのだ。

ホームページに書き込むのも自己表現のひとつであるし、それはそれでいい。だが、自分が発した情報を受け取ったのがどういう人間であるか、どう反応するかということが、対話がないからわからない以上、機械を通してやっているのは非常に危険なことだ。

パソコンで自分の書いたメッセージを発信することは、自分がポスターを書いて貼るようなものだ。相手に通じなければ意味がない。「何月何日、何時にここにきなさい」ではダメで、地図をつけたり、説明をつけたり、しなくてはならない。情報を伝達したところで、必要な情報が盛り込まれていなければ、人が動いてくれない。だから、最初はポスターを書く練習をすると非常にいいと思う。

## 道徳観念も体験から身につけるもの

では、道徳観念を育てるにはどうすればいいのか。やはり、これも感性の問題だ。日常の体験から身につけていくしかない。

たとえば、目玉焼きの作り方を説明させる。フライパンがなくちゃいけないとか、ガス栓をひねらなくちゃいけないとか、いろんな基本的なことがあって、それをもれなくやらないと目玉焼きができない。簡単な料理とか、ホットケーキでもなんでもいい。

あとは、朝起きてから学校へ行くまでに何をしたかというのを順に思い出させて、書かせる。アメリカでは、これは英作文の時間によくやる方法だ。形容詞を全然使わないでやりなさいとか、やり方はいろいろあるが、いずれにしても、作文は非常に大事である。

1950年ごろ、日本にテレビが入ってきたときに、大宅壮一が一億総白痴化と皮肉を言ったことがある。テレビばかり見て、物知りになるけれども、物を作ったり、考えたりする能力が衰えてしまう、というのが彼の意見だった。今だって、早くキーボードを打てたりすることは実は全然意味がない。やはり、思考力、ものを考える力が優先するのだ。子どもたちは情報をただ受け止めるだけでなく、発展させていくことが大事なのだと思う。

### 「算」が書けない

毎年、ある講座で漢字の書き取りテストを行っている。ほとんどが常用漢字の問題で、前の週に答え合わせをしているから、復習さえしておけば満点をとるのは難しくない。

その問題のひとつが「借金をきれいにセイサンする」。セイサンには、運賃の「精算」や勝利の「成算」などがあるが、借金は「清算」が正解。

不注意で「精算」と間違う受講生が若干いるのは仕方ないとしても、小学校で習う「算」の字を書き間違える人が毎年必ずいるのには少々あきれてしまう。約三十人のクラスで、数年間の平均は二・〇人。一割に満たないとはいえ、そのほとんどが大学卒業者なのである。

間違いは、「算」の字の「目」の部分を「日」と書くもの。携帯電話やパソコンの画面で、画数が省略されていることに慣れてしまったのだろうか。

機器の発達に伴って原稿や手紙・文書などの手書きが徐々に減り、今後ますます正確な文字が書けなくなっていく。漢字を正確に記憶するには、何度も書いて手で覚えなければならない。

（境）

対談

# 教師の日本語力を問い直す

水谷　修・西尾珪子

## マニュアル化された社会の中で

――最近の日本語教師の日本語力についてどう感じておられますか?

**西尾**　日本語教師に限らず、日本人全体の日本語力については、問題が多いですね。無神経な言い方、相手への配慮の欠けた言葉遣いが多く、語彙《ごい》自体も貧困になってきている。発音も鼻にかかって聞きづらい。

日本語教師については、やはり一般の水準よりも高い日本語力を期待したいのですが、現状は、どうも一般の人とあまり変わらないようですね。

**水谷**　日本語教師というのはさまざまなレベルの学習者を相手にしなくてはなりませんが、「プロ」というからには、どんなに高いレベルの学習者に対してもきちんと指導できる力がなくてはならない。そのための日本語力というのは、ただ普通に日本語の使い手として生きてきたのでは身に付か

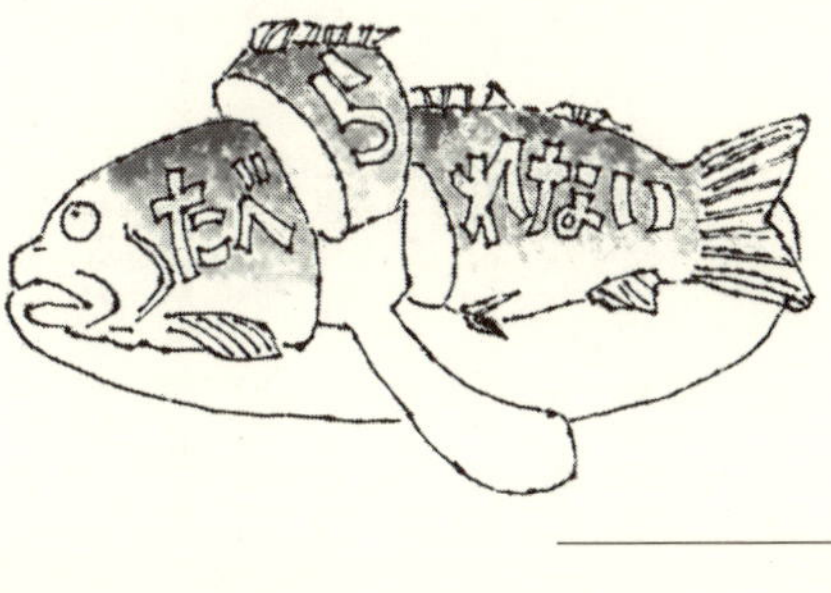

ないレベル、懸命に努力して獲得しなくてはならないレベルのものだと思いますよ。

**西尾**　世の中、マニュアル化していく傾向にありますね。レストランや商店などでそういう言葉を聞いていると、なにか心と表現がバラバラになってしまっている感じがします。

**水谷**　一般的に言語能力が貧困になってきているので、マニュアルが有効になってきているのでしょうね。ファストフード店の店員の言葉でもわかるように……。しかし、これは当人たちを責めることはできないんです。だいたい、彼らは訓練を受けていないんですから。

**西尾**　もとは相手に失礼のないようにと考えてつくられたはずのマニュアルが、かえって人間を抑制してしまっているんですね。

マニュアルどおりの言葉しか言えないとなると、人間はそれ以上のことを考えなくなるでしょう。今では、弊害のほうが大きくなっていると思います。

**水谷**　学校教育でもその弊害は見られます。今の大学生は、与えられるものに対応する受動的な力は結構あるのですが、能動的な力がなくなってきている。自分の考えで行動する、自分の感情を込めて人に対応するというような訓練がなされていないんです。

日本語教師にしてもそうです。「以上でよろしかったですか」という言い方や「〜とか〜とか」という言い方について、若い先生に「これをどう思うか」と聞いてみると、「変だ、悪い言い方だ」と言うんです。でも「じゃあ、なぜ変なのか」と聞くと、答えが返って来ないんですね。みんなが変だと言うから変だと思っているわけです。

まあ、言葉が全体的に動いていくのは仕方ないことです。しかし、日本語のプロとしては、それがどういう意味をもっているかということは知っていてほしい。「とか」とか「〜だったりして」とかいうようなあいまい表現が、社会でどういう役割を果たしているのか。この場面はあいまいに言ったほうがいいのか、言ってはいけないのか。

そういう判断こそが必要なのであって、「『〜とか』は悪い」というだけでは、学習者には役に立たないんですよ。言葉を客観的に広くとらえる力が欲しいですね。

**西尾**　そう、皆の使っている日本語を外から見て、客観的に整理したり、深く洞察したり、細かく分析したりする力ですね。

日本語を教えていれば、自然と語感も鋭くなっているはずですから、いろいろな言葉に気付く場面はあると思うんです。その時に「あら、こんな使い方をしている」で終わらせずに、自分はそれについてどう思うか、自分ならどういうかについて、考える習慣を付けなくてはいけないと思います。

## 日本語力をどこで身に付けるか

――そういう能力はどこで身に付けるのでしょうか。教員養成の中で磨けるものなのでしょうか。

**水谷**　極言すれば、個人個人の努力だと思います。自分が関心をもって、日本語力を磨く訓練を自らに課して行うかどうかです。発音にしても、アクセントにしても、学生は一人ひとりもっているものが違うわけですから、そういう訓練は、教員養成の場で組織的に行うことは難しいです。

**西尾**　とかく、みんな、講座や研修をだれかがつくってくれるのを待っているでしょう。私は、そういう考え方、非常に残念に思うんですよ。やはり自分の力で気付いて、自分で積極的に努力するという意欲がないと……。

**水谷**　言葉は自分の体の中、頭の中にあるのですから、感覚的に身に付けていかなければ、力は付きませんよ。

**西尾**　今、幸い、メディアもいろいろありますし、日本語について書かれている本も多く出ていますから、いろいろなチャンスがあるでしょう。自分で訓練しようと思えば、さまざまな方法が考えられるはずです。例えば、留守番電話にメッセージを残す場合、一分以内で、簡潔に的確に、はっきりした発音で録音する。また、最近、流行の携帯電話の画面に五〇語でショートメッセージを示す。カラオケだって呼吸法と発声の、よい訓練になります。

このように日常生活の至る所に訓練の場が転がっています。ただ、こういうことをよい訓練ととらえるか、無意識に過ごすかで、違ってきますよね。

**水谷**　日本人の言葉の能力が衰えてきている今、日本語教師たちが、自主的な勉強、努力をする集団になれたら、ほかの領域に対してものすごいインパクトを与えるようになると思いますよ。実際に、日本語教育はそういう可能性を秘めているんです。

それはつまり、日本語教育というのは学習者を一括して束ねられない世界だからです。日本人学生相手なら、四〇人、五〇人と一括して、ある程度マニュアル的なやり方も通用する。しかし、日本語教育は違う。学習者は、育った環境も母語も目的も興味も違う。実にさまざまです。一人ひとりの学習者に合わせて、一つの言葉を定着させていき、一年半ぐらいの教育で大学の授業に参加できるまでに上達させる。これは大変なものですよ。その点で、日本語教育は、日本のほかの外国語教育の見本となるべき手法をもっています。

**西尾**　ええ、それは英語教育の人たちも気付きはじめて、日本語教育でやっている手法をかなり参考にしていると聞きます。

**水谷**　「日本語教育能力検定試験」にしても、以前は、言語なら言語と縦割りで出題されていましたが、今回の試験からは、それを横に割って総合的な問題が多く出題されるようになったでしょう。マニュアル的な勉強では間に合わないようになっている。これは、ほかに先駆けて、いい方向に向かっていることだと思います。

**西尾**　学習者を、生きた人間として、つまり、機械的に扱うことのできない個々の人間としてとらえるようになってきたということですね。日本語教育は、この三〇年で非常によく研究され、開発されてきました。そう進まざるを得ないように、どんどん状況が変化したこともありますが、それに必死で食いついてきましたからね。

**水谷**　ええ、そうですね。非常に能動的に仕事をしている人たちも多いですし。

しかし、最近、中国・韓国から来る学生を見ていると、すごいものがありますよ。かなり力を付けてきている。そういう学生たちを受け入れる日本語教師は、さらに磨きをかけないと……。

**西尾**　うかうかしていられませんね。

**水谷**　教える対象は、外国人でも、国語の先生でも、アナウンサーでも、日本語の専門家でも、「なんでも来い！」という日本語教師がもっともっと出てきてほしいですね。そうなると、もう教えるためのマニュアルなんてないですよ。

## 日本語力と同時に培いたい社会性

**西尾**　ただ、そうして、あちこちにアンテナを伸ばしていくには、人間性、社会性というものが根本にないといけないですね。教育は、常に人間関係の中でやっているわけですから。

**水谷**　「社会性」というのは、日本の専門教育の大きな欠陥ですね。今、医者の世界でも学者の世界でも「社会性」ということが問題になっているでしょう。

**西尾**　そうですね。人間、地位が安定すると、どうしてもその中だけで固まってしまいますからね。

私は、地方で日本語支援をしているボランティアの方たちに会いますが、非常に人間的、社会的に成熟している人が多いんですよ。それは、その人たちが、日本語の世界だけで生きているのではないからです。行政とも折衝しなくてはならない、市民とも話し合わなくてはならない。さまざまなニーズをもつ学習者をいろいろ分析して、その人が日常生活で自立できるように考えて指導していく。だから、とても幅広い見方をするし、社会的な感覚が身に付いているんです。

**水谷**　言葉に対する専門的な知識を補って余りある力があるんですね。それは非常に大切な部分です。教師は、教えている学習者の生活や経験などから気付いて学ぶことも多いですからね。

**西尾**　そうです。自分で気付いて、意欲をもって行動すればいいわけです。講座や研修など待っていないで。

――気付く力の問題でしょうか。どうしたら気付けるようになるのでしょう。

**西尾**　少なからず、資質もあるでしょうね。好奇心が強いとか……。

**水谷**　人にかかわることに関しての好奇心がなければ、その人は教師という職業に向いていないと思いますけどねぇ。

**西尾**　身の回りにいろいろな材料はありますよね。先輩の姿を見て気付くこともあるでしょうし、世間で使われている言葉について気付くこともあるでしょう。でも、そういう中で何も疑問をもたない人というのは、やはり教師には不向きかもしれないですね。教師というのは、決まったものをやっていけばいいという職業ではありませんから。

――まずは好奇心があれば、ということですね。では、これから日本語教師になろうと勉強している人たちにひと言、メッセージをお願いします。

**西尾**　確かに、日本語を指導するということは膨大な知識や能力を必要とする大変なことですけれど、日本語教師には、異文化と接することによって、自分のもっている文化について気付くことができるという喜びがあります。文化というのは、古典芸術だけではなくて、言葉や立ち居振る舞いすべてのことです。それをより深く感じ、大事にしていく力が得られます。この職業についたら、きっと想像以上の喜びが得られるはずです。

**水谷**　そう。日本語教師という仕事は素晴らしい仕事です。限りない可能性をもっている。ただし、それは努力を必要とします。既成の世界では、ちょっと努力すればなんとかなるかもしれませんが、日本語教育のような新しい世界では、それ相当の努力が必要です。しかし、日本の将来を考えれば、日本語教師というのはとても大事な仕事です。それを実行しようというときには、人の倍努力する、人の倍勉強する、人の倍泣くという覚悟でやってほしい。そうすれば、必ず期待に沿う結果が生まれます。

# 外国語になった日本語

熊倉功夫

明治時代は日本語が大量に海を渡った時代である。この時期のオックスフォード英語辞典に登場する語をあげてみても、「小豆」（一八八九）、「雨戸」（一八八〇）、「鮑」（一八八九）、「万歳」（一八九三）、「馬連」（一八九五）、「べっこう」（一八八九）、「襖」（一八八〇）「布団」（一八七六）「雅楽」（一八九三）「芸者」（一八九一）「元老」（一八七六）「下駄」（一八八四）「義太夫」（一八九〇）「五目並べ」（一八八六）「人力車」（一八九〇）（かっこ内は初出年）。全てをあげるには、よほど紙数が必要なので、このあたりであきらめよう。

特異な伝わり方をした日本語としては、俗語（スラング）がある。今回は、俗語の調査にまで手がまわらなかったが、日本語から入った俗語はかなり多いのではないか。十九世紀の古い俗語と思われる“hunkydory”という言葉は“so great”ほどの意味であろうが、その語源には種々の説があり、一般には廃語の“hunk”あるいは“hunky”からきているというが、異説の一つは、横浜の通りの名称である「本町通り」からきているという（ウイリアム・スティール氏の教示による）。とすると、幕末に、日本から入った言葉ということになる。

**戦争と「カミカゼ」**

俗語発生の一つの基盤は軍隊であり、兵士の間で流行したものいいが、俗語として定着する場合があり、その多くは性にかかわるタブー語である。そのなかに日本語起源の言葉も少なくない。

第二次世界大戦中あるいは戦後に生まれた日本語からの俗語もかなりあろう。「神風」もその一つである。「神風」という語はすでに一八九六年のオックスフォード英語辞典に載っているが、それは本来の神の風で、「神風飛行機」の語義で掲載されるのは一九四五年である。そして、一九六三年には、サーフィンにおける「計画的転倒」の意味がつけ加わり、形容詞として「自殺的な」という使い方も登録されている。神風は俗語とはいえぬかもしれぬが、そのもとは、神風特攻隊の出現からはじまった兵士の俗語だったはずである。やがて神風は、世界中に広がり、さまざまの意味を含むようになった。ロシア語では「第二次世界大戦の際日本軍において飛行機もろとも攻撃し命を落とした飛行兵」とあり、その展開として「何かきわめて大事なものを賭ける人物」という含意がでてくるという。イタリア語では、同じパイロットの意味のほかに、「テロリスト」「危険を冒して行動する人」の意味が登録されているという。神のいちばんたくさんの記述があるのはドイツ語である。神風という原意も示し、特攻隊の説明があり、その飛行士の説明もある。さらに“kamikazeunternehmen”という言葉が生まれ、「神風（特攻隊）のような無謀な企て」であり、「自分の損失をいささかも考慮せず思い切ってやってみること」「身体と生命に多大な危険が結びつく企て」といった意味が含まれる。日本語でも「神風運転」などという使い方と近い用法が外国でも派生していた。

戦後の米軍を主体とする駐留軍の兵士たちによって、さまざまの日本語が形を変えながら流出し、あわせて新しい世代の日本理解もはじまった。その結果、一九六〇年前後には、英語の辞書に登録される日本語も一段と増加した。「指圧」「渋い」「おしぼり」「墨絵」「そば屋」等々、西欧からみて日本的な事柄がこの時期の辞書にあらわれる一方、興味深いのは、自然科学系の発見や発明にかかわる言葉も、戦後、いち早く英語辞典に登録される日本語となったことである。たとえば「エサキダイオード」（江崎玲於奈、一九五七）「カナマイシン」（梅沢浜夫、一九五七）「ユカワメソン」（湯川秀樹、一九六四、ただし湯川博士関係の言葉は四つあり、いちばん早いのは一九三八年からあらわれる）。戦後の八木アンテナやタカジアスターゼとともに、日本の科学技術の優秀さが言葉として認識された結果であろう。またこの一九五〇年代～六〇年代に頭脳流出が問題とされたのも、言葉の流出と軌を一にしていたのである。

## スペイン語の「カロウシ」

高度経済成長よりバブル期にいたる現代は、ことにアメリカの現代語辞典などに登録される日本語が多く、量的にはもっとも多い。しかし、それらの言葉がはたして、十年、二十年後に、どれだけ残っているか、はなはだ心もとないのである。

当然のことながら会社名、商標でよく知られるものも多い。「キャノン」「ダットサン」（今はニッサンだが、アメリカ人の中にはいまだにダットサンの音に親しみを感じている人も少なくない）「フジフィルム」「ホンダ」「マツダ」「トヨタ」「ニコン」「ニンテンドー」「リコー」「ソニー」「サントリー」「スズキ」「ヤマハ」等々、ざっと拾ってみても、十や二十はすぐあがる。

日本企業の進出にともない、日本型経営の特殊語も、英語辞書に顔をみせるようになった。「ダンゴー」「エンダカ」「ハラゲイ」「カンバンホーシキ」「カイゼン」「ケイレツ」「サラキン」「シュサ（主査）」「ザイカイ」などが拾えるが、実際にはもっとあろう。「過労死」も現代英語辞典にとりあげられているが、これは英語ばかりでなく、一九九五年のスペイン語辞典に見出し語になり、「超発展国の日本で労働のし過ぎのため死をもたらす病気」という説明がつけられている。

以上、時代的変遷をみてきたのであるが、これをジャンル別にみる時、ドイツ語辞典中の日本語としてスポーツ関係が多いのに気づく。そのいくつかを拾うと、合気道、武道（家）、柔術、柔道（組あい、帯、着、家、試合、畳）空手（家、着、コース、達人）、拳法、剣道（家）、相撲、塚原側転二重宙返り（跳び）、山下跳び、などがある。英語にも跳馬の塚原選手の塚原跳びはとりあげられている が、東京オリンピックでウルトラCが流行語となった山下選手の跳馬の飛び方は、ドイツ語にのみあって、英語にはならなかったようだ。

現在、外国語に定着しつつある言葉でもっとも有力なものの中に寿司とカラオケがあるだろう（これにゲームも加えるべきだが）。それは日本語が輸出してもっとも広く世界に受けいれられた文化でもある。とりわけ寿司は、健康ブームにも乗じて、世界中の大都市に店が開かれている。同じく日本料理の代表格である天ぷらや、すきやきにくらべても、その普及度は圧倒的である。ちなみにドイツ語辞典には、寿司はあってもてんぷら、すきやきはない。イタリア語も同様だが、スペイン語、ロシア語には三語ともない。いずれ登場することであろう。

寿司に限らず、アメリカの日本食ブームは一九八〇年代以降、急激に進行し、現在ではスーパーマーケットに日本の野菜や豆腐、醤油などが大量にならんでいる。辞書にも食品、料理名は大量に登録されており、約八十語を数えることができる。ジャンル的にみれば、もっとも大量に英語となった日本語は食の言葉ということになろう。

# 漢字をつかわない日本語へ

野村雅昭

## 語彙体系と漢字

漢字をつかわない日本語ときいて、おおくの人々がしめす反応は、そんなことをしたら、文章がよめなくなってしまうというものである。そこに最大の誤解があるのだが、たしかにいまの日本語を漢字をつかわずにかいたら、よみにくいものであるにちがいない。そのことをやや論理だててのべようとする人は、日本語の語彙体系は、漢字を基礎にして成立している。だから、漢字をつかわないで表記することは不可能だというように主張する。そして、そのことも一面ではまちがいでない。

おそらく、漢字が語彙体系をささえているというのは、つぎのようなことをさすのだろう。「水」という漢字は、「すい」という音と「みず」という訓をもっている。「水稲」「水質」「断水」「排水」などの単語を、「すいとう」「すいしつ」「だんすい」「はいすい」などとかいたら、なんのことだかわからない。また、漢字でかいてあれば、そのことばをしらなくても、それが「みず」に関係のあることばだということがわかる。また、「水玉」「氷水」など、「みず」とよむ単語との関連もつきやすい。したがって、「水」と漢字で表記することは、二重、三重の意味で利点をもっていることになる。

しかし、あとにのべるように、日本語を漢字をつかわないで表記しようと主張する人たちは、日本語の語彙をそのままにして漢字を廃止しようなどとはかんがえていない。すでに、日本語の語彙は、いや日本語そのものが漢字を前提にしてなりたっているからである。それは千年以上にわたる漢字漢語文化との接触および崇拝・服従の結果として存在しているが、日本文化そのものにもなってしまっている。いいかえれば、日本語そのものをかえなければ表記の改革はなりたたない。そのことに先人たちはすでに気づき、具体的には語彙の改良をこころみてきた。しかし、そのこころみはかならずしも十分なものではなく、多数の日本人の支持をえるにはいたらなかった。そういうよりも、ことばをいじることへの感情的な反発をおさえるものではなかったというのが正確である。

その語彙整理のこころみの根本にあったのは、漢字制限と言文一致であった。とりあえず使用する漢字を一定の範囲にかぎること、カキコトバをできるかぎりハナシコトバにちかづけることが課題となった。後者は、表面的には意外にはやく実現した。二十世紀のはじめには、現在の口語文が定着した。ただし、それは文語の「……ナリ」を口語ではあるが文語調の「……デアル」におきかえる程度の文末表現の工夫にとどまり、語彙そのものの改良には手がつけられないままにおわってしまった。

前者は、敗戦後の「当用漢字表」（一九四六年）の制定によって実現をみた。それにふくまれる千八百五十字以外の漢字をふくむ語は、イイカエやカキカエなどが要望された。これは語彙の改良につながるものであった。新聞や公用文では、それにもとづく部分的な改良案を実施し、現在定着したものもある。しかし、そのこころみが十分におこなわれないうちに、日本語の改革そのものに対する反発がたかまった。保守派のまきかえしにより、制限を目的とした「当用漢字表」は廃止され、漢字使用の目安とされる「常用漢字表」（一九八一年）が告示されて、現在にいたっている。

語彙の改良が不十分だというのは、右のようなことをさしている。もっとも、「台風（←颱風）」「散布（←撒布）」のように、同音の漢字によるカキカエが成功したものもある。「あいさつ（←挨拶）」「あいまい（←曖昧）」などは、カナガキが定着したものである。しかし、「だ捕（←拿捕）」「ら致（←拉致）」のようなマゼガキは保守派による攻撃の格好の標的となった。結局、このような改良は、漢字使用を前提として、部分的に語彙を手なおししたものにすぎず、語彙体系を、そして日本語の体質を根本からかえようとしたものではなかった。そのかぎりでは、「基準―規準」「膨張―膨脹」といった同音の漢字や「暖か―温か」「計る―測る―量る―図る」といった同訓の漢字による表記のユレをふせぐものでもなかった。すなわち、日本語に正書法を確立するという理想からは、ほどとおいものにほかならない。そのことは前稿でふれたので、くりかえさない。

## ハナシコトバにもとづく日本語を

それでは、正書法を可能にするような語彙の改良とはなにかといえば、それはハナシコトバにもとづく語彙体系の確立である。日本語の語彙のうち、さきにあげた「水稲」「排水」などは漢字を音読する字音語（漢語）である。それに対して「水玉」「氷水」は、和語である。和語は、固有の日本語に由来することばである。それにもう一種「ウオーターシュート」「ミネラルウオーター」などの洋語（外来語）がある。日本語の語彙は、これらの三種をふくむ体系をかたちづくっている。ハナシコトバにもとづく語彙体系の確立とは、これら三種の語彙をどのように機能的に関連させるかということにほかならない。

このうち和語と洋語は、耳できいてもわかることばがおおい。また、和語は「みずたま」「こおりみず」とカナでかいても、わからないことはない。洋語はカタカナでかくのが普通である。それに対して、字音語は同音語がおおいこともあり、耳できいたり、漢字をつかわずにかいたものをみたりしても、すぐにはどの語をさしているのかわかりにくい。「すいとう」という文字列は、いまこの文章をうっているワープロソフトでは、「水稲」のほかに、「出納」「水筒」「水痘」「水頭」と変換できる。「水頭」などというのは、なんのことだか漢字をみても理解できない。同じく「排水」「廃水」「配水」「背水」なども、区別しにくい。これらが同音語であるばかりでなく、もともと漢字にたよって存在したりできあがったりしたことばだからである。ハナシコトバにもとづく語彙整理とは、このような語彙、特に字音語を整理することが中心になる。

字音語といっても、すべてがわかりにくいものばかりではない。「銀行」「電気」「野球」などは、現代社会でひんぱんにつかわれる基本語である。ふだんのハナシコトバでつかってもまったく不自由がない。「たいせつ（大切）」「せっかく（折角）」などもカナでかく習慣が定着している。これらは、耳できいてもわかることばである。問題は、漢字をみなければ意味のわからない文章語である。それをハナシコトバにかえるこころみは、カナモジやローマ字による日本語表記を主張する人々によって、すでにおこなわれている。

## イイカエのこころみ

「当用漢字表」が制定されたときに、その「使用上の注意事項」には、つぎのような一項があった。

「この表の漢字で書きあらわせないことばは、別のことばにかえるか、または、かな書きにする。」

この「別のことばにかえる」というのがイイカエである。新聞や放送では、この方針にそって、「当用漢字表」にない漢字（表外字）をふくむことばについて、イイカエのこころみをおこなっている。たとえば、『新聞用語集』（一九六三年、日本新聞協会）には、つぎのような例がみられる。（線をひいたのが表外字）。

蝟集→集まる、密集、群がる
蘇生→生き返る、更正
団欒→まどい、だんらん
腑に落ちない→納得できない

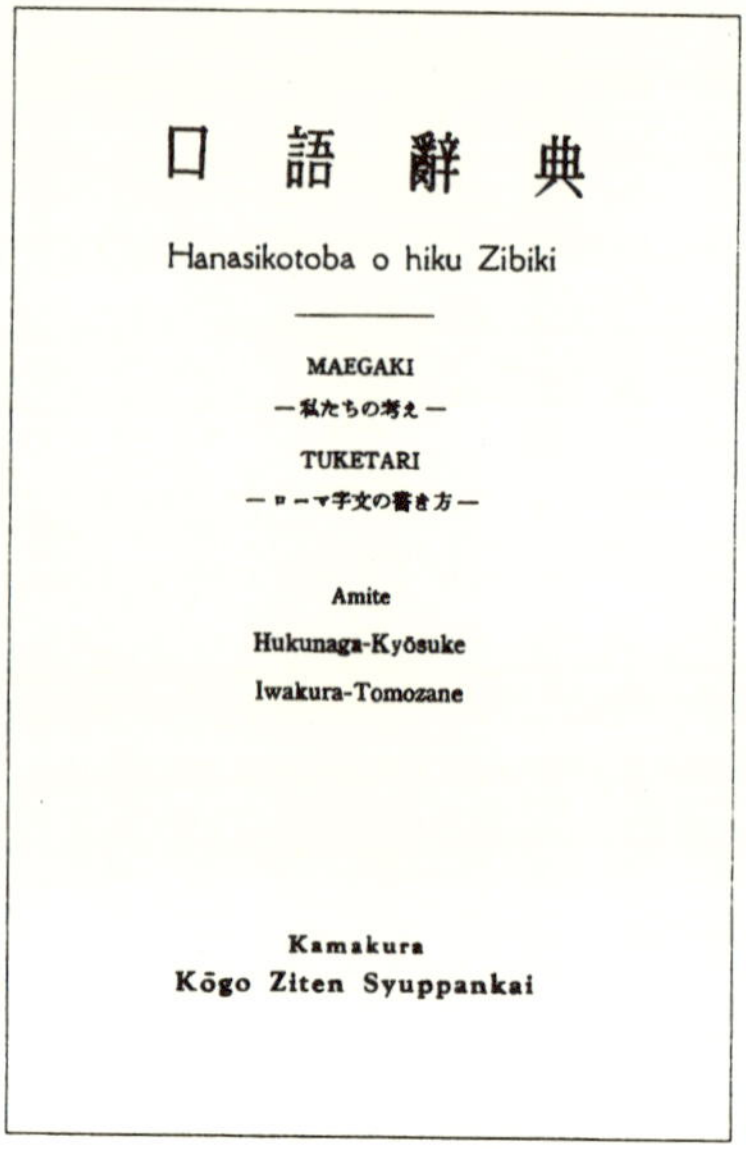


しかし、このようなイイカエは表記上の変更にとどまり語彙体系をかえることにはつながらなかった。そのためには、漢字をつかわない表記を目的として日本語そのものをかえる勇気が必要であった。

ここに、福永恭助・岩倉具実編『口語辞典　hanasikotoba o hiku Zibiki』（一九三九年、口語辞典出版会）という本がある。福永、岩倉の両氏は、日本式ローマ字表記の普及に努力した人である。その「MAEGAKI——私たちの考え——」には、つぎのようなことばがある。

> 私たちの思っていることを一番よく言い表わすのは——従って日本人に一番ピンとくるのは——古くさい文語や文語体ではなくて、日本人が現に口で言い耳で聴いている、生きた言葉で綴った話し言葉風の文章だ

それにつづいて、文語体がのこっている文（A）とそれを口語体になおした文（B）とがかかげられている。

（A）官庁が率先して模範を示さざる限り、如何にガソリンの節約を説くも、蓋し徒爾に終るだろう。

（B）役所が先きに立ってお手本を見せないうちは、いくらガソリンを倹約しろと言ったって、それはダメだろう。

ここには「率先して→先きにたって」のような字音語の和語へのイイカエだけでなく、文語を口語にいいかえるための工夫がしめされている。「官庁→役所」「節約→倹約」のような字音語どうしのイイカエがあることにも注目して

いい。これが耳できいてもわかることばの見本である。文章の格調などのことを別にすれば、ローマ字表記を主張する人たちの目標がどこにあるのかがわかって興味ぶかい。

この辞書の本文には、つぎのような具体的なイイカエの例があがっている。

本校と分校：Oyagakkō と Kogakkō.

旗幟を鮮明にする：Hatairo を azayakani suru.

輿論に迎合する：Seken no Koe に Tyōsi o awaseru (heturau).

その会は四分五裂して収拾がつかない：その会は tirizirini utiware-site Te no Tukeyō がない。

Oyagakkō（親学校）、Kogakkō（子学校）、utiware（内割れ）などは、イイカエというよりも、造語とみるべきだろう。

このような努力がともなってこそ、漢字をつかわない日本語は実現する。ただ、漢字をカナやローマ字にかえるだけでは、あたらしい表記は成功しない。敗戦後の言語改革が途中でおわってしまったのは、このような思想にもとづく実践が不十分だったことにつきる。しかし、これらのこころみは、現在でも意義をうしなってはいない。

# 国際化する漢字

松岡榮志

近年、コンピュータとインターネットの発達によって、国際的ならぬ「民際」的なコミュニケーションが、地球規模で瞬時に行われるようになった。だが、目下のところ、相変わらず英語が支配的である。まことに、デジタル王国では英語が「国語」の地位を占めているといってよい。その主要な原因は、いったいどこにあるのか？

ウェールズの英語学者、デイヴィッド・クリスタル氏は、『ケンブリッジ英語百科事典』『言語学百科事典』の編者であり、多くの著書や肩書を持つ世界的権威の一人である。

彼は英語学者としてのみならず、一般言語学者として中立的立場から、客観的かつ冷静に「国際語」としての英語のありようを分析し、『地球語としての英語（*ENGLISH AS A GLOBAL LANGUAGE*）』（邦訳・國弘正雄　一九九九年、みすず書房）を著した。そのなかで、彼はある言語が「地球言語」となるための条件を多角的に分析した後、その言語のもつ構造の美しさとか、論理性の高さとか、「他の言語と比べて文法事項が少ない」などという「誤解を招く俗論」を一蹴して、何よりもまず、「その話者のもつ力、

なかでも軍事力」をあげている。次に、その言語が世界に君臨し、自らを維持拡大していくには、経済的に有力な国家が欠かせない、という。

つまり、「二十世紀を迎えると、英語の全世界での存在感をほとんど単独で維持強化してみせたのは、いまや超大国となったアメリカの経済的優位であった」のである。

英語は、何よりもその背景にあったイギリスとアメリカという二つの国家の軍事力と経済力によって、世界に君臨し続けているのである。このクリスタル氏の分析は、おおむね的を射ていると言えよう。

本書のなかで、クリスタル氏は、繰り返し英語の明るい未来を断言している。それは、本書がある特定の団体（英語をアメリカ合衆国の公用語にすべきだという運動を手がけてきた最大の組織たるU.S.ENGLISHという団体）の要請を受けて書かれたことを差し引いても、十分に説得力をもつ。

ただ、一つだけ付け加えておかねばならない。経済力についで考えるならば、市場は生産者、販売者のみで成り立っているのではなく、消費者とのやりとりで成り立っていることをお忘れなく、と。

## 中国という巨大な市場

ひるがえって、中国である。

中国について言うならば、二十一世紀においてアメリカは中国をきわめて魅力的な市場として見るはずであり、そのために多くのアメリカ人が中国語を学ぶことになる。もちろん、中国人もいっそう英語を学ぶことになろうが、その人口比からすれば中国語や漢字を学ぶ人々が急激に増えることになる。したがって、コンピュータやインターネットの世界においても、中国語や漢字が急速に存在感を増し始めている。

ちなみに、昨年十二月十五日の『日本経済新聞』に、「中国でネット投資加速」という記事が載った。

そこには、「中国のネットユーザーは二〇〇五年には三億人を超え、米国を抜いて世界最大のネット国になる見通し。有力ネット企業も育っていることから、（ソフトバンクが）本格的に投資に乗り出す」とあり、「投資規模は数百億円になる見通し」（孫正義社長）と言われる。こうした動きは、ビジネスの世界では、すでにさほど目新しいことではなくなっている。

また、中国で作られたホームページにアクセスすることも頻繁に行われているが、それらはもちろん中国語と漢字で書かれている。

中国語に対する学習熱も、世界的にみて、急速に高まっている。ある新聞の記事によれば、アメリカでは一九九五年は一九九〇年に比べて、中国語を選択する学生は三六％増え、外国語専修科目のうち、中国語の専修人数の伸び幅は最大である、という。

韓国では、大学で中国語を専攻する学生数が一九八八年には五〇〇〇人余りだったのが、一九九六年には四万人に増え、年々増加。フランスでは、一九九八年には中国語を教える大学は二七校に達し、中国語水準テストを受ける学生は、ここ数年、毎年六〇％の率で伸び、四万一〇〇〇人に達したという。また、タイでは中国語の教育を拡大し、今年から小中学校で中国語を教えはじめた、とされる（『東海国際新聞』No.53、一九九九年十一月十五日発行、中日国際交流事務局）。

日本は、中国語を学ぶ人数、中国語を履修させている大学の数、中国への留学生の数のいずれをとっても世界一であるが、カリキュラム、教材、環境などの面ではいまだ不十分である。この結果、近未来において、我が国が外交・貿易・教育上きわめて不利益を被ることは否めない。これもまた、まことに憂うべき問題である。

## 〝英語帝国〟の行く手

クリスタル氏の著書のなかで、もう一つ気になる部分がある。

それは、インターネット上で英語が優位を占めることになった原因をあげた後、英語の優位を下支えする技術上の理由があったことに触れた部分であるが、少し長いので、要約してみる。

①データをネット上に乗せるべく、さいしょに考案されたプロトコル（通信手順）は、英語のアルファベット向け

に開発されたものであった。後に考案された多言語使用を想定した高度なプロトコルには大きな問題があって、標準化された形で国際的に行きわたるための妨げとなった。

②後者は、データの加工、表示、入力（とりわけ、文字セットの選択、コード化、変換に関するもの）などに問題があり、その場しのぎの解決策がとられたが、逆に互換性の欠如という問題を引き起こした。

ここには、いくつかの問題点が期せずして現れている。それは、データをさいしょにネット上に乗せるためのプロトコルが、英語のアルファベット向けに開発された、高度ではない（すなわち低レベルの）ものであったことである。そのため、他の言語や文字体系を扱うことができなかった。つまり、技術が未熟だったために、初めは英語のアルファベットしか使えなかったにすぎない。

今日、OS（基本ソフト）やワープロなどの応用ソフトの技術進歩によって、私たちが使っている普通のコンピュータでも、すでに多数の漢字や各国の文字が自在に使えるようになっていることは言を俟たない。

さらに、クリスタル氏は言う、多言語環境を満足させるために、高度なプロトコルが考案されたが、それはさまざまな問題をはらんでおり、かえって互換性の欠如をもたらした、と。

本書が書かれたのが、少し前だったことを差し引いても、出版年が一九九七年であることからすれば、一九九三年にISO/IEC10646-1と呼ばれるUCS（万国符号化文字集合）という国際文字コードが制定され、ユニコードも完全に実用化されていることを知らないのは、言語学者として無知であるか、あるいは英語しか見ていない視野狭窄と言われても致し方ないだろう。

こういった視野狭窄は、アメリカよりヨーロッパにその傾向が強い。それは、環太平洋の地域と環大西洋の地域では、漢字や中国語に対する切実さがまったくといってよいほど異なることに起因しよう。ここにも、経済力や移民、人口移動、歴史など複雑な要素が絡んでいるが、やはり先に述べた経済力と軍事力が一番の要因と言えよう。

同氏は、さらに続けて言う。

「ほとんどのブラウザー（閲覧ソフト）はそれでも複数言語のデータを処理できない。（中略）現状では真に複数言語によるワールド・ワイド・ウェブの完成はまだまだ遠い先きの話である」

ここで言う「遠い先」というのは、いったいどれほどの先（まさか一〇〇〇年後？）を考えているのかわからないが、もし五年後、十年後だとしたらどうだろうか。いや、おそらくもっと早くその実現が可能になるだろう。もちろん、著者クリスタル氏がそれを使うかどうかは自由だが。

## 中国の巨大データベース

さて、文化資産の話にもどろう。

今年の旧正月（中国では「春節」、二月五日）、待ちに待った『四庫全書』電子版がいよいよ完成する。

詳細は雑誌『本とコンピュータ』第十一号に掲載された張軸材氏の文章「『四庫全書』の新生」と私の解説をご覧いただきたいが、総文字数で言えば約八億字からなる中国古典籍の巨大データベースが誕生する。

これが、いったい何をもたらすのだろうか。

まず、古代から清朝の乾隆時代に及ぶ中国古典籍の主要部分、約三五〇〇種、約八万巻の書物が、わずか一九〇枚のCD-ROMに収められてしまう。図書館で言えば、巨大なスペースの節約になる。

さらに、約七億七六九〇万字の本文の文字データのみならず、二三〇万ページの画像（版面）データが普通のパソコンで利用できるようになる。シングルデータ／シングル・バイナリという技術によって、中国語版ウィンドウズのみならず、日本語版ウィンドウズでもそのまま利用できるのである。

もちろん、本文をテキストデータとして引用することも可能であり、拡大・縮小はもちろん、ハイパーテキストであるから『四庫大辞典』による書誌情報も豊富で、古典語辞典（ただし、中国語）もついているから、本文の内容を読み進めるのにも便利である。検索も充実しており、書名、作者名、事項、一字検索など、日本語でも中国語でも縦横に使いこなせる。さらに、その検索速度も驚くほど速い。まもなく、インターネット上でも、利用が可能になる予定である。

　中国古典研究の分野について言えば、二十世紀初頭から陸続と発見された「甲骨文字」や「漢簡」などの古代文字資料、また「敦煌文書」などの西域出土資料は、その後の歴史、文学、思想、言語のあらゆる研究分野に根本的な影響を与えた。それと同じく、二十一世紀の中国研究は、こうした巨大データベースの出現によって、さらに多面的になり、豊かになるはずである。つまり、世界中でまったく新しい研究分野や研究形態を生み出していくだろう。

　私たちは、これまで絶えず歴史遺産や古人の知恵のなかから多くのものを学ぶことによって、現在の困難を切り抜けてきた。いままた、祖先たちの声に謙虚に耳を傾けるべき時ではなかろうか。こうした巨大なデータベースは、そのためのきわめて有効な「情報庫」として、また道具として大きな役割を果たすに違いない。

## 漢字の「拡張」とその可能性

　さて、右の巨大データベースを構築するにあたって、どれだけの文字種が必要だったのだろうか。五万字、一〇万字、いや、二〇万字だろうか。

　残念ながら、たかだか三万二〇〇〇字ほどにすぎない。『康熙字典』や『大漢和辞典』でも五万字近くあるのに、なぜと思う人も少なくないだろう。しかし、大型の漢字辞典の大半は、その辞書にしか現れない、音も意味も不明の異体字なのである。

　にもかかわらず、漢字のコード化は、いっそう「拡張」に向かって進んでいる。つまり、コード化された漢字の数がどんどん増やされているのである。もう少し言えば、コンピュータのなかで使える漢字の数は、ますます増えている。

　日本では、「第三水準、第四水準」漢字案がすでにレビューを終え、いよいよ公布される。もとの「第一、第二水準漢字」の六三五五字に加え、三六八五字が追加されて、一万四〇字となる。

　じつは、一九九〇年に制定された「補助漢字」五八〇一字とかなり重複するものがあるが、あまり使われなかった「補助漢字」は事実上無視されて、「第三、第四水準」である。もっとも、この「第三、第四水準」中のほとんどは、すでに国際的に認知されたISO/IEC10646-1（JIS　X0221）のなかに含まれている。

この国際文字コードは、九三年の時点では、二万九〇二字であったが、さらに拡張されて、九九年に、六五八二字増やされている。これだけでも、二万七四八四字も使えるようになるのだから、なんだか良いことずくめのようだが、そうは問屋がおろさない。

現在でも、「第一、第二水準」のなかには異体字がかなり混じっているが、それらの相互の関係は、ここでは示されていない。ただ、一つひとつの漢字にコードがふってあるにすぎない。したがって、ユーザーの側では、しばしば字を取り違えたり、打ち間違えたり、混乱を招いている。

それが、四倍以上の数になったら、どういうことになるか。増えたのは、「字種」よりもむしろ異体字なのである。

私たちが日常生活で使っている中型の漢和辞典ですら、一万字前後である。それでも、実態は異体字だらけであり、それを使いこなすのは至難の業である。これを扱うことは、コンピュータにはやさしいかもしれないが、人間にとってはきわめて困難であり、煩雑なのである。

これからは、漢字をむやみに増やすことばかりではいけない。むしろ、漢字をコンピュータのなかで有効に使いこなす工夫をしなければならない。それも、日本の漢字ばかりでなく、アジア全体の漢字を視野に入れて、使いこなしていくことが求められる。

# 漢字と仮名は縦書き文字

石川九楊

年賀状が行き交《か》う正月は、あらためて、文字や書（書くこと）について見つめなおすよい機会である。

雨が降る

あめがふる

右の二つの文の書法の間の差は、一般には漢字と仮名の用字上の差にすぎないと考えられている。むろん、「雨」と書き出せば、「春雨《しゅんう》・驟雨《しゅうう》・慈雨《じう》・白雨《はくう》・雷雨《らいう》・雨水《うすい》・雨天《うてん》・雨滴《うてき》」など漢語系の意味を周囲にひきつれ、また「あめ」と書き出せば、「こさめ（小雨）・こぬかあめ（小糠雨）・きりさめ（霧雨）・むらさめ（村雨）・にわかあめ（俄雨）・なみだあめ（涙雨）・やらずのあめ（遣らずの雨）・さみだれ（五月雨）・しぐれ（時雨）・つゆ（梅雨）」など和語系の意味が前面に飛び出し、二つの文は厳密にいえば意味が異なる事実については、心ある作家や詩人、随筆家、編集者、校正者などによって指摘されている。

だが、両文の間にはもっと大きな差が隠れている。その違いを次の書法が暗示する。

あ　め　が　ふ　る

あめ　が　ふる

文字は言葉と関わりなく独立して存在することはできない。「雨が降る」と「あめがふる」とは同じく、文字を原稿用紙の枡目《ますめ》に埋めて羅列したように見えるが、実際には隔絶した表現である。「雨が降る」の場合は漢字と平仮名の違いが、単語と文節を単位とする分書《わかちがき》に似た表現をもたらし、英字の「It rains.」や中国文の「雨降」の書法に近いが、文字を一字一字切り離して書く「あ　め　が　ふ　る」は、単語や文節のまとまりを欠いた生硬で未熟な借り物の書法にすぎない。

欧米文が、印刷ではやむなく離れて印字されるとしても、筆記体では一字一字切り離して書かれることはなく、一つの単語は連続してひとまとまりで書かれる。表音文字である仮名文字を、一字一字置き並べる書法は、中国文の一語分書《わかちがき》を、文字置き並べ式と錯覚したところに生まれた、不自然で特異な書法である。漢字の行書《ぎょうしょ》体を借りた真仮名《まがな》、草書体を借りた草仮名などを宛字《あてじ》した万葉仮名時代にはこの不自然で未熟な書法で書かれており、それゆえ日本語はいまだ未成熟であった。

だが、文字は言葉であるから、「あめ」と「ふる」が英文筆記綴字《つづりじ》体のように連続し、「あめ　が　ふる」と分書されるようになる。ここに草仮名は平仮名へと飛躍した。平仮名は英文筆記体のごとくに縦書きの連続筆記体として生まれた、もはや漢字から飛躍した新生の文字である。

だとすれば、英文筆記体を縦に綴ることができないように、平仮名もまた横に綴ることのできない構造にある。横に綴《つづ》り字することの不可能な平仮名にそれを無理強いすればどうなるか。そのひとつの回答が一九七〇年代に登場した少女たちの丸文字である。その回転運動は、横書きに起因して生まれた。丸文字を象徴するその半円回転形は、縦書きの場合に生まれる四分の三円形を途中で切り上げて右側の次字に移るところに生じた字形である。

さらに、八〇年代後半以降になると、横書きに加え、事務機・ワープロの登場によって「書く」ことが極端に軽視されはじめたことから、現在の少年少女たちのをもつ手の危なっかしいペンの持ち方から、直線的で「サクサク」としたひっかかりの多い殺伐《さつばつ》としたイラスト風シャープ文字が氾濫《はんらん》しはじめた。

漢字仮名交りの日本語に横書きを無理強いすれば、奇妙な文字が生まれる。それはアルファベットを縦書きするところに生まれた文字の奇妙な姿と同じだと思えばよい。

日本や中国とて、部屋の欄間《らんま》に掲げるいわゆる扁額《へんがく》は横書きではなかったかと考える人もいるだろう。だが、扁額は例外なく右から左へ綴られているように、横書きではなく、一字＝一語の意味を強調した一行あたり一字のあくまで縦書きなのだ。

たとえば、フランス人やアメリカ人やドイツ人がアルファベットを縦書きするところに、なめらかで熟成した十全な思考が生まれるだろうか。おそらく綴字のぎこちなさが、思考のぎこちなさを生むにちがいない。日本文とて同じことだ。

流行語《キイワード》を手がかりに、奇妙な社会へと舞い上げた八〇年代、九〇年代の泡沫・投機・情報経済は、自然なつながりを欠き、それゆえ飛躍に飛躍が積乗する横書き企画書がつくり上げた奇姿である。

肉声で話すように、手があり、筆記具があるのだから肉筆で書けばよい。しかも、しなやかで自然なつながりをもつ日本語の思考は縦書きにしか宿らないのだから縦に書けばいい。否、縦に書くべきだ。縦に書けば、天が意識され、重力を感じ、自省が生じ、そこに人類の未来の理想に向けた思考も宿る。

漢字仮名交り文を横に書くことは、欧米文を縦に書くようなひっかかりの多い不十分な書法であることを、日本のみならず、中国、朝鮮の民衆は一度深く考えてみるべきだろう。縦書きのなめらかな思考に戻らないかぎり、東アジアの思考が西欧の思考をしのぐことはありえない。

## 美しくありたい

悪文・美文という言い方がある。なにが悪文でなにが美文なのか分かりやすく解説している本もある。

この二つの間の線引きは意外にむつかしい。「テンの打ち方がなってないんだよねえ」と叱られるひとも多いと思う。でも、たとえば、こんな、ふうに、読点、ばかり、の、文章、は、いわゆる、悪文、なのかも、しれない、が、ちょっと、おもしろい、と、おもわない、だろうか。まるで、思索、に、ふける、哲学者、の、歩行、みたい、で。

句点の多い短い文章を連ねていく名文といえば司馬遼太郎だろう。テンやマルが付かないで延々長いセンテンスが続くのは『源氏物語』など日本の古典文学。

日本では明治維新によって、「言文一致体」が創始されるまで文章に句読点がつけられなかった。だから欧米のように句読法（パンクチュエイション）というものが確立していない。

よく「息継ぎをするようにテンを打て」と言われる。息継ぎの仕方は一人ずつ違うものだろう。一気呵成にしゃべくりまくる人もいれば、ぽつぽつと思い出すように言葉を継いでゆく人もいる。その人の「人となり」に即した文章は、読み手の琴線に触れるだろうし、それは、それなりの美文ということが出来るのではないかと思う。

美しいだけで魂の入っていないものは美人だろうが美文だろうが、そんなものは美しくはない（マニュアルだけの男はモテない、と言い換えてもいい！）。

多分世の中には美文・悪文ではなくて「なんとなくつまらない文章」と「どういうわけか引き込まれてしまう文章」の二つがある。後者には天性のものもいれば、苦労して磨きをかけたものもいる。（妹）

対談……………………

# 漢字の魅力が、日本語の魅力。

辰濃和男・道浦母都子

## 漢字ブームの背景は何か

**道浦**　現在は漢字ブームだそうですが、短歌の場合は、平仮名《ひらがな》にしたほうが詩型としては柔らかくなります。詩的表現というのはとても微妙なので、私たちのような小さな詩型で表現するものは、平仮名で表す場合と漢字で表す場合と、使い分けをしないと意味が出しにくいのです。植物名や動物の名前はできる限り漢字で書きたい。

　辰濃《たつの》さんのご本にもありますが、たとえば「魚」偏《へん》に「豊」で「鱧《はも》」とか、「魚」偏に「雪」で「鱈《たら》」とか、字イコール実物そのものなんですね。植物の名前も「満天星」と書いて「どうだんつつじ」。そういう漢字を使うことによって具体的な形象までがイメージできる。ところが、新聞などでは、決まった漢字しか使えなくて仮名にしなくてはいけない。とても困ります。

　日本人みずからが固有の文化を壊してい

る。そのことに対し、憂《うれ》いを覚えていましたので、漢字のブームがきているというのは、嬉しいことです。

**辰濃**　新聞には変な枠《わく》があって。

**道浦**　罪深いですね。

**辰濃**　ほんとに罪深い（笑）。私は四〇年間そういう中でやってきましたが、植物名は片仮名なんて、あんな枠をだれが決めたのか。しかし、歌の世界とか俳句の世界は、この枠を超えていく性格のものでしょう。

**道浦**　はい、そうです。

**辰濃**　私は、その枠の中で悲鳴を上げながら書いてきたんですけど、いまは自由に書いています。漢字で書いたほうが強い場合、明確な場合が多いですね。

たとえば、森鷗外が夏目漱石の葬式に来たのを芥川龍之介が見ていて、顔形と姿の立派さに驚き、「神彩《しんさい》ありとも云《い》ふべきか」という表現をしています。「神彩」という二字が強いですよね。石川啄木が、与謝野晶子に会って「清高《せいこう》なる気品がある」と書いています。この「清高」も強い表現です。漢字には素晴らしい利点がたくさんあります。それがいまの漢字ブームとどうかかわりがあるのか。私は若干、ほんとにこれは漢字ブームなのかなという気があるんです。

漢字検定ブームであるとか、いろいろな意味で漢字がもてはやされているかもしれませんが、ほんとに人々が漢字を楽しんでいるのか。いってみればデジタル的なもの、受験競争的なものが多いのではないか。

それが悪いとはいいません。漢字を知る人がどんどん増えるのは素晴らしいことだけれども、もっと違う漢字の楽しみ方というものがあってもいいんじゃないかな、という気がしているんです。

**道浦**　たしかに、辰濃さんのおっしゃった漢字のよさとか、利点を皆さんがよくわかって使ってくださっているのかどうか、まだ即断できないところはあると思います。

## 見直したい「悪役の漢字」

**辰濃**　私は、道浦さんのおつくりになったものを読んで、納得することが多いんですよ。

**道浦**　そうですか、ちょっと恥ずかしいですね。

**辰濃**　特に訓《くん》読みの楽しさですね。たとえば、「海色」と書いて「わだつみ色」。それから、オウムの麻原についての「濫《みだ》りがわしき」という字は、ほんとにあのとおりですね。「濫」一字でまさに麻原の風貌、性格のすべてを言い当てているような感じを受けました。

それから「願望」と書いて「ゆめ」と読ませるとか、いろいろ工夫をされている。工夫というより、自然に出てくるものでしょうけどね。

**道浦**　ですが歌人たちの功罪もありましてね。どうしても三十一文字の中で物をいわなくてはいけないので、たとえば、「亡き母」と書いて、「はは」とルビ（ふりがな）を付ける。私の先生である近藤芳美《こんどうよしみ》先生は、無理なルビはいけないとおっしゃっています。どうしてもの場合はルビを付けてもいいけれど、許容範囲があると。

　ですから私は、「細い」という言葉が、繊細の「繊」でないと表現できないような「繊《ほそ》い」であれば、無理してでも使いますが、普通の「細い」という字で足りるのであれば、なるべくそれを使います。

　辰濃さんのご本を拝見しますと、どちらかというと忌《い》み嫌われて除《の》け者にされている漢字について、それは反対にこういうよさがあるんですよということを発見してくださっていて、「あっ、そうだそうだ」と思うところがたくさんありました。

　たとえば、「闇」という言葉は、私たち短歌をつくるものにとってはよく使う大事な漢字の一つなんですね。「門」の中に「音」があって、静かでその中に大きな宇宙をはらんでいる。この「闇」を、宇宙の主役ですよと書いてくださっている。

　それに、漢字一字で見ていると悪者であっても、動詞にしてしまうと非常に柔らかく動きが出てくるものもあります。「老」でも、「老い」とすると印象が違ってくるし、「崩」も「崩れる」とすると、柔らかくなる。そういうことをたくさん教えていただいたという気がしました。

　私自身の作品で申しますと、いまは動詞で終わる歌が少なくなっています。動詞で終わるというのは、かなりむずかしいんです。動詞でうまく終わると、映像がだんだん消えていくような印象的な雰囲気が出せるんですが、それはかなりテクニックが要《い》ります。ですから、どうしても体言止《たいげん》めの歌が多くなって、困ったなと思っているんです。体言止めにしてしまうと、写真のように一瞬の絵画になってしまうんですね。だから余韻《よいん》が残りません。

**辰濃**　私は、悪役にされている字とつきあっていると弁護するのに妙に張り切っちゃうんです。たとえば粗雑、乱雑、雑駁《ざっぱく》の「雑」は嫌われます。でも考えようによっては、この字は大切なんです。雑木林、雑談の「雑」は私たちの暮らしに欠かせない。何よりも私たちが生きる上で最も大切な自然の生態系は、「雑」そのものです。たくさんのものが混じり合っている。「雑」には交《まじ》わるという意味があるんです。同質のものが大勢順応で生きている社会よりも、異質のもの、個性の違う人が混じり合う社会、粒ぞろいよりも、粒ちがいを尊重する方が楽しいですね。
「懶《らん》」とか「鈍」とかの字も嫌われますね。あいつは懶惰《らんだ》なやつだとか、鈍行は願い下げだとかいわれる。でも、超過密、超高速の時代でみなが息せき切って走っているときだからこそ、ただぼーっとしている時間が大切だし、ときどきは鈍行的な暮らしもあった方がいい。「吝《りん》」「愚」「老」なんかもみな否定的に使われていますが、これからの時代はこういった字を見なおすことが大切でしょう。悪役の漢字とあれこれつきあっていると、時代の偏《かたよ》りが見えてきておもしろい。

道浦さんの作品の中で、印象に残るのは「包む」という動詞ですね。

**道浦** ああ、「くるむ」と読んだりしていますね。

**辰濃** 『夕駅《ゆうえき》』の「両手にて君の冷えた頤《おとがい》を包みていしは……」の「包む」という言葉、それからそのすぐ後の「寒の夜を抱《いだ》き締むれば」の「抱く」という言葉。これは、強い言葉ですね。

与謝野晶子から一〇〇年たって、こういう表現になっている。与謝野晶子にはないんじゃないですか、自分が抱き締めるというのは。

**道浦** 歌人仲間で話したことがあるのですが、かつての女性は「抱かれて」というふうに歌っていた。それが、「抱き合う」に変化して、今度は女性が「抱く」と歌うようになった。この一〇〇年の間にすごく愛の表現が変わってきたんですね。

## 横文字の氾濫で低下した日本人の造語力

**道浦** それから、いまの若い女性で自分のことを「僕」とおっしゃる方がいますでしょう。それが、そのまま歌の中にも出てきて、新人賞の選考の際、無記名の作を拝見しますから「僕」と書いてあるから男性だと思って選んだら、作者が女性だったりするんです。(笑)

私の歌で、「水の婚　草婚　木婚　風の婚　婚とは女を昏《くら》くするもの」という歌があります。「女」偏の字に関しては、女性にとって屈辱的な表現が多いですね。女に古いが「姑《しゅうとめ》」だし、女に箒《ほうき》を持たせて「婦」ですからね。

漢字文化というのは中国の儒教の影響を受けているので、女性蔑視《べっし》の側面はやはりあると思います。

中国はどうなんでしょうね。訓読みや仮名のない中国の人にとって、一字ごとに意味がある文化ってどうなんでしょうね。

**辰濃** 仮名がないから、それだけに漢字で表すことが中国の人はうまいんですね。コンピュータを電脳とする式の。酸性雨のことを空中鬼と表現する。感じが出てるでしょう。

**道浦** 台湾に行ったとき、「愛死」っていう字が街中にあったんです。意味がわからないでいたら、「エイズ」のことなんですね。片仮名がないから、英語を漢字になしたりするのがとっても上手ですね。「愛死」という表現はすごいなあと思いました。中国ではテレビ局が「電視台」ですものね。

**辰濃** あれはうまいですねえ。

明治の初期のころは、ディベートを「討論」にするとか、スピーチを「演説」にするとか。横文字を漢字に翻訳して、普及させるという力があった。

**道浦** ありましたね。美しく、しかも、とてもよくわかる表現。いまの日本人は下手ですね。「中国残留孤児」なんて、あんないたわりの心が感じられない言葉、だれがつくったのでしょう。

**辰濃**　役所か新聞か。

**道浦**　とっても変な表現ですよね。最初だれかがそういうふうに表現したら、そうなってしまうんでしょうね。もっといたわりのある造語はなかったのかしらと、あの言葉を聞くたびに胸が痛むんです。

**辰濃**　いい感じで物事を表現するとか、横文字を漢字に訳して普及させるという営《いとな》みがなくなりましたね。

**道浦**　コピーライターの方々は、一生懸命にアイデアを考えておつくりになるんだろうとは思いますが、お役所名まで片仮名にしてしまいましたね。

「ハローワーク」って何かとずっと思っていたら、昔の職業安定所のことなんですね。もう少し現代的で、しかも意味がわかる漢字の名称を使うほうがいい。「ハローワーク」では、一〇年もちませんでしょう。

いまを先取りしすぎる言葉ほど、すぐに飽《あ》きて消耗品になってしまいます。そういう意味でいうと、漢字というのは消耗品になることもないし。使い方次第で、いくらでも再生して新しくできる。

**辰濃**　最近、少し横文字よりも漢字で表現したほうがいいという雰囲気が地方自治体にも出てきました。

「精神回廊」をつくろうとか。「地球田舎人」になろうとか。でも「ふれあい広場」とか、ああいうふうになると、ちょっと嫌だけれども。

**道浦**　そうですね、「にこにこセンター」とか、「にこにこ会館」とか。もう少し味付けがあるといいですね。

漢字をはじめ私たちの固有の文化を、簡単に壊してしまうようなことを、ここ二〇〜三〇年のうちに日本人はさまざまな面でやってきた。少し、このへんで風向きを変えましょうというのは喜ばしいことです。

**辰濃**　喜ばしいことですね。明治維新で大和《やまと》言葉が、よくも悪くも漢語になって、髪結《かみゆ》いさんも魚屋さんも全部漢語になって、漢語が増えていった。それで大和言葉は一回打撃を受けた。それから、戦後は片仮名が流行《はや》ってますます衰えてきた。

いま「短歌ルネッサンス」ということで、人々が大和言葉、和語のよさ、美しさと、そういうものを考えるようになっています。

歌人や俳人がいい大和言葉を使い、さらに思い切った造語を使う。それがよければ生き残るわけです。

**道浦**　私たち歌の世界のものには当然と思って使っていた言葉が、『広辞苑』になかったりするんですね。たとえば、「花眼」と書く「かがん」という言葉があります。

これは、私たちぐらいの年齢になってきますと、だんだん老眼になってきて、何でも花のように美しく見える。いわゆる老眼のことを言うんですが、『広辞苑』にはないんです。「花のように美しい顔」の「花顔」はあるんですが、「花眼」はない。だけど、短歌では何人もの方が使っていらっしゃって、私自身も使ったことがあります。

だから、短歌雑誌の特集で、「辞書にはない言葉で好きな言葉」というのが出たとき、私は「花眼」を挙げました。老眼になったときに、「花眼になって、何でも美しく見えるのよ」と言う（笑）。そうすると、とっても美しく老いを楽しめる気になりますからね。

**辰濃**　いい言葉ですねえ。

## 言葉の荒廃が招く心の荒廃

**道浦**　私、思うのですが、人を傷つけるのも言葉だけれども、人を和《なご》ませたり、楽しませたり、喜ばせたり、癒《いや》したりするのも言葉です。

いまの教育の問題でも、子供たちの言葉が荒廃してきたことと、子供たちの心が荒廃したこととはとても深くかかわりがあると思ってます。「ぶっ殺す」なんて、昔は思っていても口にしてはいけない言葉でした。私たちの子供の時代にそういうことを口にしたら、親からも先生からもきつく叱《しか》られたと思うんです。それを、いまでは平気で言うようになってしまった。

だから、言葉というものがどんなに大事なものであるかということを、もう一度教育の場でも、家庭でも、見なおしをしないと。言葉を大事にすれば、使う言葉は穏やかになる、心も穏やかになると思うんです。

**辰濃**　沖縄には、「あなたに叩《たた》かれても眠ることはできるけれども、あなたを叩いたのでは眠れない」という言葉があります。自分が加害者にはなりたくないということが、一つの諺《ことわざ》になっているんですね。

そこに何か自分を対象化しているというか、相手の立場になってみるという精神の営みがある。それはずっと幼児のときから、そういう言葉遣いがあったんでしょうね。

道浦さんの歌に「ああわれは泣きたくなって午前二時寝入り間際のでんぐり返り」という歌があるでしょう。そこには、「でんぐり返り」という表現によって泣きたい自分を突き放す自分がいますね。

**道浦**　自分自身を、もう一人の自分が見ている。

**辰濃**　いまの教育は、もう一人の自分を見るという心の営みを育《はぐく》ませることが十分でない。

**道浦**　想像力の欠如ですね。自分がされたら嫌なことは相手にしないとか、そういうことを考える想像力をいまの若い人たちは持っていない。そのことが、現在のさまざまな事件につながってきているのではないかと思います。

**辰濃**　教育ということを別の視点から見ると、常用漢字の見なおしをぜひしてもらいたい。たとえば体の一部である「頬《ほお》」「瞳《ひとみ》」がない。身近な「鍋《なべ》」「釜《かま》」もないんですよ。「椅子《いす》」もない。

**道浦**　常用漢字というのは、「えっ、こんなのがないの？」ということが多いですね。

**辰濃**　「躾《しつけ》」も「叱る」もない。そういう非常に大切な字が抜けているんです。毎日使うものとか、身体に関する漢字は必要ですよ。

**来世紀は静・小・素そして「水の世紀」**

**道浦**　着物・和服に関する言葉も、「袷《あわせ》」とか、「袖《そで》」とか、「友禅《ゆうぜん》」とか、美しい言葉がたくさんあるのに、着物を着ることのできない若い女性が増えるとともに、言葉も死語になりつつあるんですね。

色の名でも、ピンクではなく薄桃色とか、桜色とか、心が豊かになるような色彩の表現がいっぱいあるんです。そういう日本固有の文化を、いまは自ら手放そう手放そうとしています。それとともに、長く続いてきた歴史や文化も滅んでしまう。

**辰濃**　着物というのは、「粋＝いき」という言葉がぴったりですが、常用漢字にはないんですよ。「粋＝すい」という音はある。だから、「粋」という字を使ってもいいけど、それを「いき」と読む訓がない。不思議な話です。

**道浦**　江戸っ子は、「いき」と言わないと表現できませんよね。

**辰濃**　「粋《いき》」じゃない人がつくったからです。（笑）

**道浦**　江戸から明治にかけての時代の人たちは、正確で美しく、そして雅《みやび》な、そういう漢字の使い方を心得ていた。漢字の達人たちですよね。

私たちはそのありがたさというものを日常忘れてしまっている。日本独自の四季を表すさまざまな言葉とか植物名、たとえば「彼岸花《ひがんばな》」でも、「捨《す》て子花《ごばな》」とか、「死人花《しにんばな》」とか、「曼珠沙華《まんじゅしゃげ》」とか、それぞれに理由があって付けられている。そういう文化を、片仮名で「マンジュシャゲ」と書いて一通りに納めてしまうというのは、宝の山を捨てるようなものです。そういうことも、ちょっと見なおしてみたらいいんじゃないかなと思います。

**辰濃**　それは必要なことですね。ところで、これからの時代を漢字で表せと言われたら、私は「静」と「小」と「素」の三つを挙げます。今世紀は「動」「大」「贅《ぜい》」がもてはやされました。来世紀は、エコロジカルな「静」の世紀にしたいし、大きな技術よりも小さな技術を大切にする世の中にしたい。

それから贅沢《ぜいたく》から質素《しっそ》へ。「素」というのは、非常に好きな字です。シンプルな暮らしというだけではなくて、「素」には「ありのまま」の意味がある。ありのままの自然を大切にし、大自然を感受する力を強めるということが、新しい世紀の課題でしょう。

**道浦**　私は来世紀は「水の世紀」になってほしいと思っているんです。命の根源というのは、すべて海とか水ですよね。その水を大事にするということを、もう一度見なおす。「自然にやさしく」とか、「地球にやさしく」というのは嫌いなんです。どこか傲慢《ごうまん》な言い方だと思うんです。

水とか自然が私たちの命を生み育《はぐく》んでくれたわけだから、それに感謝しなければ。

私は「水より生まれ水に還《かえ》らん生き物の一人と思う海恋うる日は」という歌をつくっていますが、私たちのすべての根源である水を大事にするということを考えたときに、何か見えてくるものがあるのではと思います。

## きみどりみどろ

みどりごは可愛い。もちろん緑色ではない。でも漢字で書くと「緑児」「嬰児」だ。緑色ではないけど緑、ということでいえば、「信号の緑」と同じ。

ミドリって何色なんだろう。

「みどり（緑・翠）」は　1青と黄の中間色　だけでなく　2深い藍色　3つややかな黒色　など、場合によっていろいろな色を表わす言葉だ。緑の黒髪は黒い。信号は2の緑からきたのだろうか。

「みどりご」の「みどり」は1の新緑・若葉の意からきたという説、子どもの髪が3であるからという説などがあるようだ。

ちなみに英語ｇｒｅｅｎにも未熟、青臭いという意味があるが、日本語の「みどり」と比べるとマイナスのイメージをもっているようだ。

往年のテレビアニメ「キャンディ・キャンディ」主題歌の歌詞中に、たしか「緑のドレスも大好き」云々というくだりがあった気がするが、あれは「普通の女の子は嫌がって着ないだろうけど、わたしは全然気にしないわ、断然好きよ」という意味だったのだろうと気づいた。キャンディは「緑は子どもの着る可愛い色じゃない」という共通認識のある外国の女の子なのだ。（妹）

# コンピューター化で漢字はどうなる？

高田時雄

## 常用漢字に翻弄される……

コンピューターで漢字を書くようになると、手書き文字の融通《ゆうずう》無碍《むげ》さはどうしても保持できなくなる。文字の形はすべてフォントに依存せざるを得ないからである。以前、横綱の曙がまだ大関だったころ、色紙に漢字でサインをした。誰かが点の落ちているのを見つけて、尋ねたところ、それは横綱になってから付けます、と答えたという。雑誌か何かに出ていたエピソードである。こんなことは手書き文字の世界でしか話にならない事柄である。「曙」という字は人名用漢字表の中にある字だが、この表の中でははじめから点がない。コンピューターのフォントも当然ほとんどがこの字体を採用しているから、曙の点は付けたくても付けられない。横綱になった今も、サインの時はともかく、雑誌や新聞など多くの場合に、曙は点なしのままを強いられているはずである。

戦後の当用漢字表の制定（一九四九年）は、もともと漢字制限という考え方を背景にしていた。それは「現代国語を書き表すために、日常使用する漢字の範囲」を定めたものである。したがって漢字字体の簡略化は、全部で一八五〇字ある表内の文字の約五〇〇字に限られ、「この表の漢字で書き表せない言葉は、別の言葉に替えるか、又は、仮名書きにする」と規定されていたのである。表外字は本来用いられるべきでないのだから、簡略化の対象にはならなかった。当用漢字表は一九八一年に改訂され常用漢字表となった。それにともなって「一般の社会生活で、分かりやすく通じやすい文章を書き表すための漢字使用の目安」と規定し直され、制限的な性格は緩和されたが、字数そのものは一九四五字と、さして増加していない。

さて当用漢字表の「まえがき」第三項において、「固有名詞については、法規上その他に関係するところが大きいので、別に考えることとした」とあるのを承けて、九二字からなる「人名用漢字別表」が一九五一年に、二八字の「人名用漢字追加表」が一九七六年に、それぞれ発表された。名前に用いる漢字を制限するのは、表現の自由を侵すものではないかという意見もあり、相当に反発が強かったためであるという。人名用漢字は法務省の管轄であるが、その後も何度かにわたり数が増やされ、現在では常用漢字一九四五字以外に、二八四字が認められている。人名漢字表の漢字は簡略化されるものも、されないものもあり、原則が明らかでない。加えて「当分のあいだ使用が認められる人名用漢字許容字体表」というものが別に存在し、そこには常用漢字一九五字、人名用漢字一〇字が掲げられている。これは何かというと、人名に限って用いてもよい旧漢字（繁体字）を指定したものである。上に述べたように、「曙」は人名用漢字表に入っている字だが、同じく「者」を構成要素として持つ「者、署、著、緒、諸、都、猪、渚」などが許容字体表にあるのに対して、「曙」は表に含まれていないのである。もし含まれていれば、めでたく点をつけることが許容されるが、これに関しては、曙はよくよくついていないと言うべきであろう。「暑」は常用漢字にあるから、現行の法令に従う限り、点がなくても仕方がないと言えば言える。一方、「薯、箸、奢、偖、楮」などは常用漢字でも人名漢字でもなく、本来、字体の規定外に置かれる表外字である。しかしコンピューター・フォントを見ると、点があったりなかったりで、一定しない。コンピューター・フォントは通産省の管轄の日本工業規格すなわちJISによって規定されている。常用漢字表や人名用漢字表にある文字については、その字体を尊重しているのは当然として、JISが表外字の字体に対して、どのような標準で臨んだのかは明らかではない。少なくとも上の五つの表外字はJISに入っているものの、前二者に点がなく、後の三字には点がある。

常用字体は「者、緒、諸、署、著、都、渚、猪」など「者」を含む漢字の点を省くだけではなく、「器、逸、寛、臭、突、抜、涙、類」などの漢字の点も省略している。点をとるのが好きなようだが、さすがに「式」や「求」の点をとることはしていない。曙の点の話から、やや脱線したきらいがあるかもしれないが、点という一事に限っても、今日の漢字字体にはいろいろな問題のあることが分かる。いずれにせよ、人が皆キーボードで字を書く習慣が拡がり、手書きが亡びようとしている現在、JIS漢字が最も大きな影響力をもつに至っている。これなしでは筆を奪い取られたにも等しい。それにも関わらず、JISの字種および字体の選定にかならずしも納得のいくような規準のみられないのも事実である。そのことが教育、研究から印刷、出版に至るまで漢字使用の幅広い分野で大きな障害となっている。漢字に関係する官庁が、文部省、通産省、法務省の三つに分かれており、それぞれが必ずしも十分な連携のもとに政策立案をしているとはいいがたいのも大きな問題である。

# 隠語としての漢字

木村岳雄

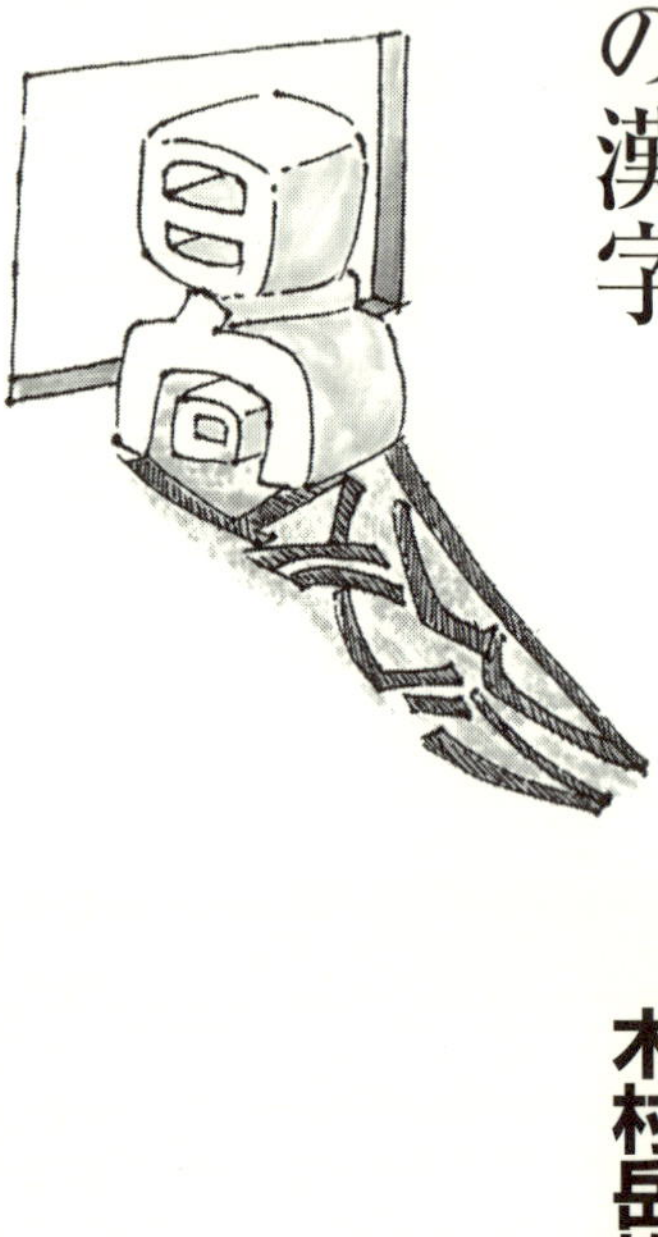

漢字そのものの、一筋縄ではいかないたちの悪さについて触れてみたいと思う。「陽」という字がある。「陽光」という場合は、正に「太陽の」という意味である。「陽春」の場合は、「あたたかい」であろう。「陽気」は、気候を謂う場合もあるが、今は「あかるい、ほがらかな（気質）」ととっておこう。しかし、「陽動作戦」の「陽」は、いったい何であろうか。上記の三者いずれの意味もあてはまりえない。「陽動作戦」を『広辞苑』で引くと、「味方の真の企図をかくし、敵の判断を誤らせるために、わざと或る行動に出て敵の注意をその方に向けさせる作戦」とある。この「陽」は、つまり「いつわる、だます」である。「涼」という字がある。「涼風」という場合は、そのまま「すずしい」という意味である。「清涼感」の場合は、「さわやかだ、すがすがしい」であろう。我が国では「目もとが涼しい」という言い方をするが、これは「きよらか」ということらしい。しかし、「荒涼」の「涼」は、いったい何であろうか。この「涼」は、「さびしい」である。「泰」という字がある。「泰山」は、言うまでもなく中国五岳の長であ

る。「泰然自若」の場合は、「ゆったりしている」という意味であろうか。「天下泰平」は、「太」と置き換えることができるが、これは「はなはだ、たいへん」という副詞的用法である。しかし、やや馴染が薄いが、「驕泰《きょうたい》」の「泰」は、いったい何であろうか。この「泰」は、「おごりたかぶる」である。「優」という字がある。この字も、「やさしい」の他に、「すぐれている」(「優秀」)、「上品だ」(「優雅」)、「手厚い」(「優遇」)と、やはり多くの意味を持っている。「俳優」など、「役者、芸人」を謂う場合もある。しかし、「優柔不断」の「優」は、いったい何であろうか。この「優」は、「ぐずぐずして決断がにぶい」である。

ことほど左様に、漢字の中には、想いもよらぬ意味を持つものが在る。まるでそれらの漢字は、あからさまに奇を衒《てら》うことで、それぞれ自己顕示《おのればこり》しているようにさえ見える。それほど、あざとい落差《ギャップ》のあるものが多い、ということであろう。実は、「陽」・「涼」・「泰」・「優」を例として挙げるのに、私はいささか躊躇《ためら》うところがあった。これらの字の共通点は、人名に用いられる頻度が相当に高いことにある。本人か家族か友人か知人の誰かが、これらの字を含む名前を持っていたら、このくだりを読んで愉快な気分になるわけがない。ましてや、自分の子供にその名前をつけたということになれば、なおさら腹立たしく思うだろう。遺伝子も環境も偶然も選択することはできない子供に、せめて精一杯の祝福を名前に込めて贈ろう、と思うのが親であるから。私如きがこういった領域にまでしたり顔で言及するのは、全く烏滸《おこ》の沙汰と言うほかないが、ただ個人的には、人間の心の暗闇や、人生の負の部分から目を背けても仕方がないではないか、という気がしている。ひたすら「明るく、朗らか」な少年少女なら、街《ちまた》に溢れかえっている。むしろ、人に「騙され」、また時として人を「偽る」こともありうるであろう人生を見据えた上で、なお「太陽」の如く力強く「あたたかく」あれかしと願い、例えば「陽介」と名付けた(あるいは、名付けられた)のだ、とそう考えればいいのではないか。その方が、余程人生に対して腹を括った態度のように思える。「清らか」な容姿を持ち、「爽やか」に振舞っているが故に、世の羨望《せんぼう》と嫉妬《しっと》を一身に受け、「寂しい」孤独に陥る「涼子」さんも、きっといることだろう。だが、その孤独が彼女を駄目にするばかりだとは、誰が言えよう。実在は大いに疑わしいが、孤独を経験したことのない人間など、気味が悪いだけだ。たぶん人間とは、孤独に埋没し、やがてそこから脱却することで、なにがしかの糧を得る生き物なのであろう。

閑話休題。最後にあと二つ、極めて意外な意味を持つ漢字を紹介したい。まず、「乱」という字である。さすがに、この字を名前につけることはないように思われるが、私は偶々《たまたま》そういう人物を知っている。高場乱という女性である。もと眼科医で、明治の初め頃、筑前福岡で興志塾という漢学の塾を開いていた。塾生は、名うての乱暴者ぞろいであったが、その中には、若き日の頭山満の姿もあった。これもまた余談になるが、頭山統一氏の『筑前玄洋社』に拠ると、前原一誠の萩の乱に、塾生から多くの係累者を出したことで、彼女自身も拘引されて取調べを受けることになった。「塾生を煽動したのではないか」との法官の問いに、乱は、「もし私が謀反《むほん》に加わっていたら、あんな失敗は決してしなかったろう。彼らの、不注意で敏速を欠く行動こそ、私が関与しなかった何よりの証拠である」と答えてのけたと云う。まず、女傑と言っていい。彼女の名前は、「らん」と読むのでは、無論、ない。実に「おさむ」と読むのである。『論語』の泰伯篇には、「舜に臣五人有りて、天下治まる。武王曰はく、予《われ》に乱臣十人有り。……」という章がある。これも、「舜には有能な輔弼《ほひつ》の臣が五人いて、天下は治まった。武王は言われた。『私には政治を任せられる家臣が十人いる』と」と訳されるべきものである。また、屈原《くつげん》の『楚辞《そじ》』に収められた辞賦《じふ》は、それぞれ結びが、「乱（おさ）めて曰はく」という言葉で締め括られている。

もう一つは「戦」という字である。これは、「戦慄」や「戦戦兢兢《せんせんきょうきょう》」といった古語（前者は『論語』の八佾《はちいつ》篇などに既に見え、後者は『詩経《しきょう》』小雅の小旻《しょうびん》篇を出典とする）を思い浮かべていただければ、事足りるであろう、それらの場合、この字の意味は、「たたかう」ではなく、「（おそれ）おののく」ということになる。

「乱」にせよ、「戦」にせよ、意外と言うにはもはや、余りに人を喰った訓《よ》みではある。しかし、そんな呆《ほう》けた感興に耽《ふけ》るのと同時に、その訓みの中にやはり漢民族のある種の意思（哲学や歴史）を見出してしまうのも事実である。「治まること長きに亘《わた》れば、おのずから乱生じ、乱れること遂に窮まれば、やがて治に至る」などとは、あたかも老荘に淫した隠者が厳《おごそ》かに口にしそうな科白《せりふ》ではないか。そして、彼の国の歴史は、正しくそれを裏付け続けて来た。「能《よ》く戦《おのの》く者こそ、最も能く戦う」これはそのまま、孫子が遺した訓《おし》えのようでさえある。「韓信の股くぐり」を引き合いに出すまでもなく、臆病な（慎重で用心深い）性格や態度は、古来名将に欠かせぬ資質・条件である、と言うことができるだろう。

　この「乱」や「戦」のように、「一字のうちに正反全く相反する、もしくは矛盾する二訓を含む」（白川静氏の定義）ものを、特に「反訓」という（先に挙げた「陽」・「涼」・「泰」・「優」を、厳密な意味でこう呼ぶことができるかどうかについては、いささか議論が必要である）。私としては、この「反訓」に尽きせぬ興趣を覚えるのであるが、その成立の事情や存在の意味について論ずるのは、この文章の目的ではなく、またそれを詳述するだけの紙幅の余裕もない。別の機会に稿を更《あらた》めて考察してみたい。

対談…………………

# 日本語になった漢字

白川 静・道浦母都子

**道浦**　私、漢字の源《みなもと》など何もわかりませんので、きょうはまたまた恥をかく覚悟でまいりました（笑）。先生は和歌にも造詣《ぞうけい》が深くていらっしゃいますので、和歌のお話もうかがえたらと思います。

まず、うかがいますが、私の姓である道浦の「道」というのは、「はねた首をぶら下げて行く」という意味の字だと先生のご本で知って、びっくりしました。

**白川**　たとえば「眞」という字でも、あれは「行き倒れ」という意味の字です。そういうものの霊《れい》が非常に強くて、後々までもたたりをなすということで畏《おそ》れられて、斎《いっ》き祭ったわけですね。だから「鎮」とか「寘《おく》」とか、これらは霊に対する儀礼を示す字なんです。それが後に真実の「真」になるわけです。だいたい、原初の観念は相当呪《じゅ》的なものをもってますけれども、後になるとそれが純粋なものにまで純化されてゆくわけですね。

**道浦**　「道」も、道徳の「道」になりますものね。

**白川**　そうです。「真実普遍なるもの」という意味の「道」にまで昇華していくわけです。

**道浦**　白川先生の「白」という字ももとは「しゃれこうべ」だそうですね。

**白川**　はい。雨風に打たれて、何もかも抜けてきてしまって、真っ白になってしまう「しゃれこうべ」。これも最後は「明らか」とか「けがれがない」とか、そういう意味になって純化されるわけですね。

**道浦**　人間にとって犬というのは、ほかの動物にはない親密なものがありますが、昔、家をつくるときには犬を埋めたそうですね。

**白川**　そうです。「家」という字も、「豚と一緒に人が住んでいる」なんて辞書によく書いてあるけれども、そうではなくて、御霊屋《みたまや》をつくるときに、犬を埋めるんです。それは、埋蠱《まいこ》といって地下から悪い霊がやってくるのを防ぐためなんですね。地鎮祭《じちんさい》のときに、棺桶の下にもう一つ掘り下げて、そこへは警護の武将と犬とを埋める。両方あわせると「伏」という字になる。瘞伏《えいふく》といって、地下へ埋めて葬《ほうむ》った人を守るわけね。

**道浦**　中国の殷《いん》の時代に使った甲骨《こうこつ》文字（中国最古の文字で、亀の甲などに刻まれた文字）が、そういうことをいろいろ解明してくれるヒントになったわけですね。

**白川**　甲骨文字というのは、亀の甲羅《こうら》（腹甲）に彫ってある字ですね。昔はそれでいろいろなものを占《うらな》って、それがたぶん後の易《えき》の原型になったと思うんです。易が出てくるのは戦国時代ですけれども、それよりも一〇〇〇年近く前に、甲骨のなかに易の原型になるような奇数と偶数とを組み合わせたかたちの文字が出てくるんです。

**道浦**　それは何年前でしょう。

**白川**　三二〇〇年ほど前ですね。殷の武丁という王様の時代ですから。

**道浦**　甲骨文にある「女」という字は、女性が祈っている姿ですか。

**白川**　前のほうに手を重ねて、つつましくお祈りしておる姿です（図1）。いまの活字の「女」にすると、角々しい感じですがね。

**道浦**　私もいまの活字の「女」はあまり好きではありません。もう少し柔らかいほうがいいと思いますが。

**白川**　甲骨文の「女」は、非常に美しく、奥ゆかしい字ですね。これにお乳（点）を加えると「母」になる。上にか

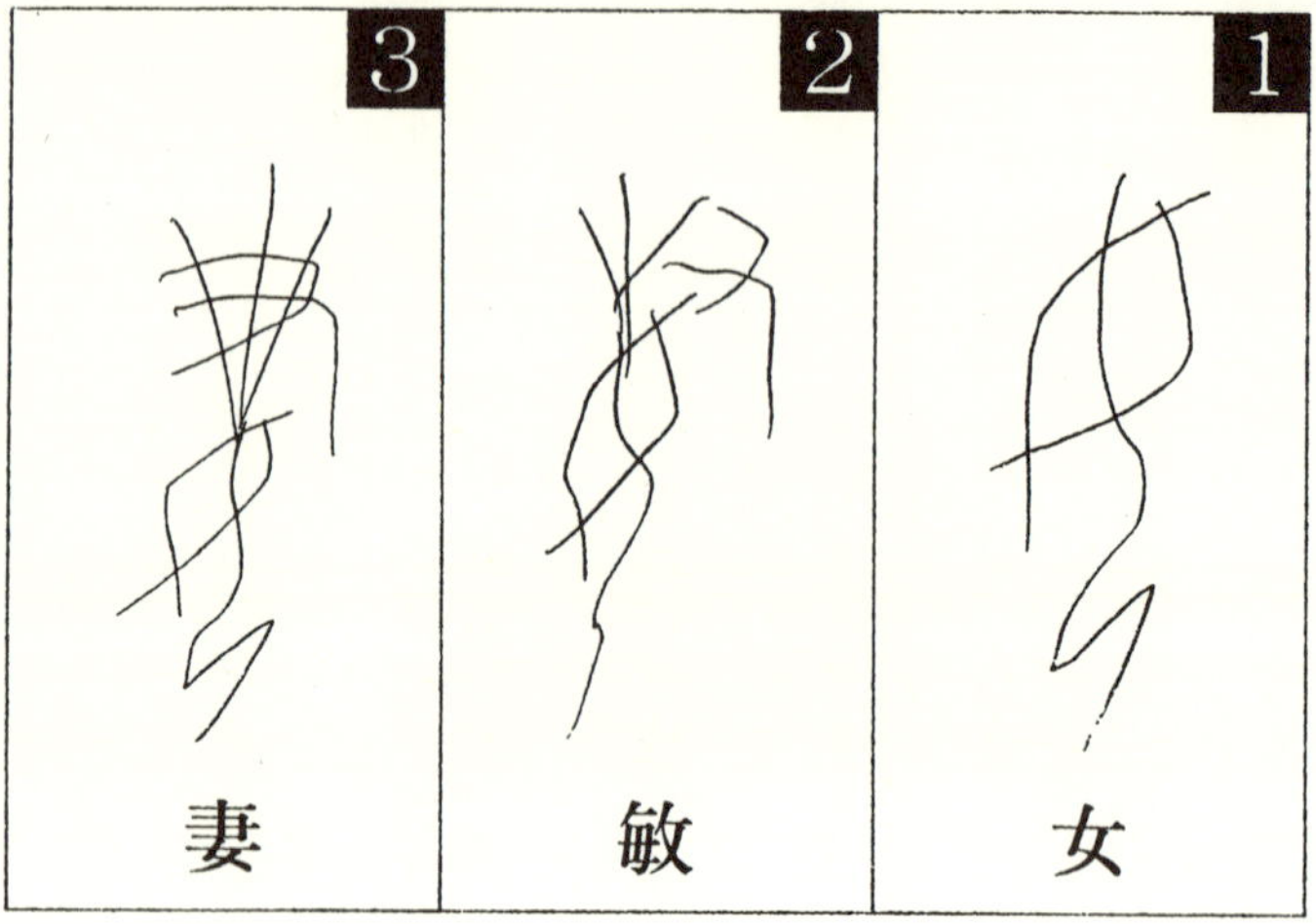


んざしをつけると「毎」になって、それに後ろから手を加えると「敏」（図2）になる。御霊屋で家刀自《いえとじ》（一家の主婦）が足早にササッと家の祭りの指図をするのが、敏捷《びんしょう》の「敏」ですね。

**道浦**　では、もとは女だったわけですね。

**白川**　そうです。この場合だと基本となるのは「女」で、頭にかんざしをつけて手を添えると「妻」（図3）という字。「夫」のほうは、昔、中国の人はみんな髻《もとどり》をつけておった。髪を頭の上で束ねておった。だから髪を掻《か》き上げる笄《こうがい》をつけておった。これは結婚のときの晴れ姿ですわ。夫婦は結婚のときの男女の正装を示す字形です。

**道浦**　きょうはせっかくですので、字にまつわる短歌についてのお話を少しいただきたいんですが、フェミニズム運動が盛んだったころの女性の歌で、「〈婦〉は箒《ほうき》を持つ女とぞふんがいをして角川の辞典を閉づる（黒木三千代）」という歌があります。フェミニズムの女性たちは「女へんの文字は女性蔑視《べっし》だ」と憤慨《ふんがい》していましたが。

**白川**　「女性」というのは性的な区別をつけた言葉で、僕からいえば、あれは一種の差別語です。ところが「婦」というのは、御霊屋にお参りするときに、箒木《ほうきぎ》に匂いをつけたお酒を降り注ぎまして、御霊屋の前を、ちょうど神主さんがお祓《はら》いをするように御霊屋を祓うんです。それを持つ女のことで、いわば家刀自であって、祭りの主人公なんです。だから、こんなに立派な名前はないの。（笑）

**道浦**　これも大いなる誤解なんですけれど、私の歌に「水の婚　草婚　木婚　風の婚　婚とは女を昏《くら》くするもの」というのがあるんです。国文学者の先生からお手紙をいただきまして、「昔、婚礼の儀式は夜に行われていたから〝女〟へんに〝昏〟なので、決して女性を昏くするものではありません」とありました。

**白川**　古い字形ですと、「昏」ではなくて「爵《しゃく》」だったんです。爵というのは、脚が三本ついたお酒を入れる器ですね。大変立派な青銅器がたくさんありますが、それでお酒を酌《く》み交わした。つまり三三九度の儀式をするという意味。

**道浦**　ああ、そうなんですか。それから、数のことを歌った歌で、「にい、しい、ろお、はあ、寒卵の赤きを数へてひとつが余る（河野裕子）」というのがあるんですけれども、漢字で「二、四、六、八」と書いたのでは、こういうニュアンスが出ないですね。一首の歌を目で見ても柔らかく、耳で聞いてもきれいにしたいと思うときに、漢字を使うと非常に硬い感じになってしまう。それであえて平仮名にすることが多いんですが、言葉の語源を知っていたら、もっとうまく使うことができるでしょうか。

**白川**　国語では「一つ」「二つ」ですわね。国語の場合には意味が出ますけれども、「にい、しい、ろお、はあ」というのは非常に簡単な数字の呼び方ですからね。「ひと（一）」というのは、僕は人を数えるときの数え方から出ておるのではないかと思う。それを複数的にすると「ふた（二）」になる。これは母音の変化ですね。はじめはこれで数が足りておった。そして充満するという意味で「みつ（三）」が出てきた。

**道浦**　満つるの「みつ」ですね。

**白川**　これが母音変化して「むつ（六）」になって、いよいよ（彌々）というのが「いよ（四）」で、これの倍数が「やつ（八）」ですね。「いつ（五）」はよくわかりませんが、「とお（十）」との関連でその半数ですね。「なな（七）」は、

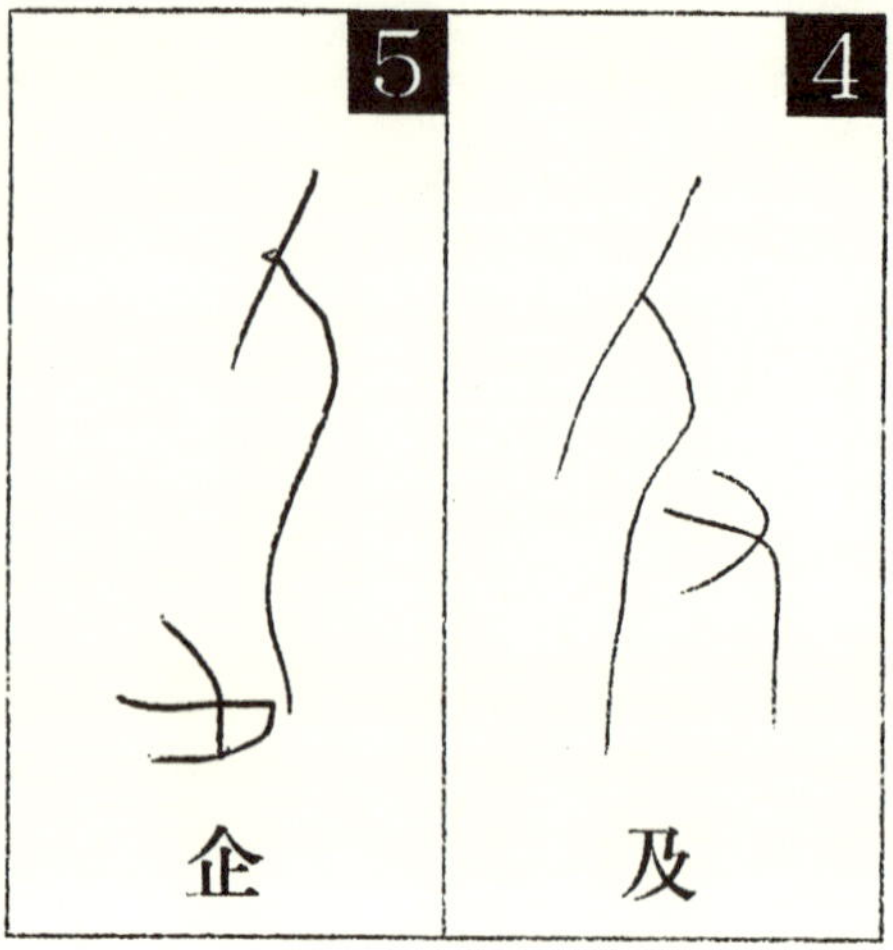


指を折って数えると、名無指（薬指）ですわな。それで「なな」。「ここの（九）」というのは、「日々竝《かがな》べて　夜には許許能《ここの》夜　日には十日を」というのが『古事記』にありますけれども、「屈竝《かがな》べて」で、「屈」と同じ語源。言葉には昔のそういう具体性が背後にある。それで言葉が生きるわけですね。

**道浦**　じつに深い意味があるのですね。こういう漢字を初めて考えだされた人たちは、どういうところから発想したと先生はお考えですか。

**白川**　そのものに最もふさわしい形を選んでつくっておると思います。たとえばエジプトのヒエログリフという神聖文字ですと、人が横を向いて座っておって、髪の毛をちょっと添えたら「女」です。髭をちょっと生やしたら「男」ですわな。みんな左向きの輪郭《りんかく》が描いてある。ところが、漢字はそれを一本の線で書く。「人」という字にしても、あちらは人が立った姿を描くわけですが、漢字ですと、たった二画です。非常に単純化するわけですね。後ろから捕まえようとすると「及」（図4）という字になって、止（足）だけ書くと「企《くわたつ》」（図5）。

「くわ」とは足のかかとのことです。かかとを立てた形です。のぞき見して何か悪いことを考えるという字。

**道浦**　はい、企てるわけですね。

**白川**　字というのは、一点一画、厳密な意味を込めて、この形以外にないという形を選んでおる。武丁の時代に、占いをする貞人という人たちが七〇人ほど一つの集団になっておって、その連中がいろいろ相談をして字をつくったに違いないんです。

**道浦**　漢字が日本に渡ってきて、日本的な言語としてだんだんと定着するわけですが、そのあたりのことを教えていただけませんか。

**白川**　これはなかなかむずかしくてね。日本人が本当に漢字を使いだしたのは『万葉』の時代、それも（柿本）人麻《ひとま》呂《ろ》の時代だと僕は思う。

**道浦**　七世紀から八世紀ぐらいですね。

**白川**　ええ。その前の天智期の額田王《ぬかたのおおきみ》なんかのは、本当に本人が記録したものであったかどうか。持統《じとう》期ぐらいになると、だいたい定着した形になっておる。そういうことから考えて、『万葉』の作者になると自分が表記したのであろう。しかし、だれが最初にしたかとなると、やはり人麻呂がそれをやっておるのではないかと僕は思います。

天智期の前に、斉明《さいめい》という女の天皇がいましたね。あそこに皇子が亡くなったときの挽歌《ばんか》が三首ずつあるんです。挽歌を三首つくるというのは、中国の六朝《りくちょう》で行われたやり方です。それが朝鮮へ来て、百済《くだら》人が日本にやって来て、たぶんそういうことをやったのではないかなと思う。だから斉明も百済人を呼んで、「この歌を後に伝えて、勿《な》、忘れしめそ」とその歌の伝承を命じている。もし、自分が書いたら、伝承を命じなくても歌は伝わるはずですね。

**道浦**　まだ漢字を書けなかったわけですか。

**白川**　書いてないわけですな。斉明のときには自分は書いてない。天智期も書いておるまいと僕は思う。額田王も、つくった歌を大きな声で朗誦《ろうしょう》して、みんなに覚えさせるというやり方であったのではないか。

**道浦**　そのときはまだ文字が日本に定着してなかったわけですね。

**白川**　史《ふびと》、つまり書記官は全部渡来人であったんです。日本人で聖徳太子なんかは、あるいは学習されたかもしらんが、聖徳太子がいたのかいなかったのかという議論さえ、いまはあるんです。あの時代に文字が入っておったとしても、日本人が読み書きをするのは、律令制《りつりょうせい》に入ってからであろうと思う。

**道浦**　先生のご本を読んで、小泉苳三《こいずみとうぞう》（歌人、国文学者）、歌人としてお名前だけは存じてたんですが、白川先生は小泉さんからとても影響を受けられたそうですね。

**白川**　私の恩師でした。ただ、私は不才にして歌はつくらなかった。

**道浦**　それは残念です。先生が書かれた漢和辞典の『字通』（平凡社）は、二〇〇字詰め原稿用紙で四万枚だそうですが、私なんか、二〇〇字詰めに歌を書きますとたった五首ですから、四万枚というと何首書かなきゃいけないのか、考えただけで気が遠くなります。（笑）

**白川**　その人の性格とか思考のしかたなんかで、集約的にある場面をうまく構成してしまう才能と、そうでなしに、雑だけれども大きなゴチャゴチャしたような仕事をやっとるほうが似合うという性格と、たぶんあるんだろうと思いますね。僕のは、いうたら散文的な仕事ですわな。だから歌には向かんのです。（笑）

**道浦**　短歌という詩形が一三〇〇年ぐらい続いていていて、無数の作者がいて、いまでも私たちが『万葉』の心を知ることができる。同じ形式を通して歌をつくることもできる。そういう民族は世界にあまりないから、とても幸せだと思いますね。

**白川**　ほかにありません。ヨーロッパの詩は新しいですからね。

**道浦**　国民の一〇人に一人が俳句をつくり、一〇〇人に一人が短歌をつくるというと、外国の方はびっくりしますね。

**白川**　日本のそういう文芸的な基盤は、僕は世界に比類がないと思う。一二〇〇年も前の『万葉集』を読んで、すぐにわかって、また万葉調で自分もつくって、お互いに鑑賞もするなんてことは、どの文化民族といえどもできないですよ。そういうことからいえば、日本の文化、伝統は大変なものだと思いますね。

**道浦**　ただ、いまは媒体によって旧漢字が使えなかったり、制限がたくさんありますから、歌をつくる者としては困ってしまうんです。

**白川**　それも究極の問題ですが、昔は、色紙とか短冊《たんざく》に、美しい仮名書きで散らし書きみたいにして書いたものですわね。そういう表記のしかたそのものが、歌の鑑賞の一つの部分としてあったわけです。歌そのものとあわせて、その表記全体をも美的な一つの対象として鑑賞するということがあった。

それがいまは活字になってしもうとるわけです。たとえば北原白秋なんか、あの人はそういうところが非常に綿密で、活字の大小、段のつけ方まで大変やかましい人であったらしい。それは表記の一部であるから、僕はそれは必要であると思う。

**道浦**　釈《しやく》迢空《ちようくう》（折口信夫《おりくちしのぶ》）が、歌に「、」や「。」をつけたり、分かち書きをしましたね。あれもそういうことに対する懸念からでしょうか。

**白川**　啄木《たくぼく》とか釈迢空とかね。しかし、散文と韻文《いんぶん》とは違うんで、韻文に句読点は僕はいらんと思う。散らし書きはよろしいよ。言葉がどこで終始する、どこに力点を置くということを示すために場所を変えることはいい。しかし、句読点となると、それはちょっと違うと思う。

**道浦**　送りがなを送って動詞を使うのはどうでしょうか。たとえば「動く」とか「歩く」とか。

**白川**　そのときは、漢字を使ったほうがいい。なぜかといいますと、「うごく」でも、「動」もあるし「揺」もあるし、ほかにもまだいろいろあります。「おもふ」という言葉でも、いくつもあるでしょう。

**道浦**　『万葉集』は「念ふ」のほうが多いようですね。

**白川**　「思ふ」よりもちょっとだけ多い。「思」のほうは思いわずらうんです。上が「田」になっているけれども、ほんとは「囟」で、これは脳味噌です。気分がくしゃくしゃする思いを「思」という字で書いたわけです。「念」というのは、深く心に思い込んで、思い詰めるという意味があるわけです。『万葉』の用字法のなかには、作者がそういうことにまで思いをはせて用いたものがあるのではないかと思いますね。

**道浦**　人を恋するの「恋」は、もともとは「念」のほうですか。

**白川**　「恋」というのは、昔の字ですと「戀」ですね。「戀」の字の上半分の「言」というのは祝詞《のりと》です。「糸」は垂飾《しで》りをつけるという意味。神様にお祈りするときに、いろいろ垂飾りをつけますね。それでおそらくは、自分の願いが神様にも聞き届けられて、成就するであろうという意味が、「戀」という字の上半分にある。下に女をつけた「孌《れん》」という字もあって、これは何か願いごとをしておるようないじらしい女の姿を意味する字ですわね。

**道浦**　なるべく仮名を使いたい。でも、いまは旧仮名を使えないですから、それも困ってしまうんです。

**白川**　これはいちおうの約束ですから、むずかしく考える必要はありませんけれども、僕の考えでは、文語で書く場合には、歴史仮名づかいにすべきである。漢字も旧漢にすべきである。口語で書く場合には、表音式で略字でもよろしい。しかし、文語と口語とは文法が違うわけです。活用のしかたも違う。

**道浦**　たとえば、「逢《あ》う」も、本当は「逢ふ」でないとおかしいですよね。

**白川**　文法が全然違うんですからね。活用の形が違うわけでしょう。文語を使っておって、文語文法に従わんというのは、ほんとはおかしいですね。

**道浦**　私は文語、口語の混用で詠《うた》っているのですが、表記はすべて新仮名ですからとても変なんです。

**白川**　なぜこういうことをやるかといったら、編集者には校正が大変なんです。校正する人が文語文法をしっかりやらんからそうなるんです。それは指導者としての責任で、文語は文語、口語は口語に分けなきゃいけません。文語というのは、いうたらラテンに近いものですからな。

歌の世界は、つくる人が、わが国の歌の歴史、文学としてのあり方について真剣に勉強もし、努力もしておられるわけですね。それを鑑賞する者にも、同じような条件が要求されてしかるべきだと思う。だから、「読んでわからない」とかいう人に妥協してはいかんと思う。

それから、文語で歌を詠《よ》む場合には、文語としての言葉の世界がありますからな。そういうものに深く入ってゆかねばならぬ。古典なども十分に読んで、『万葉』とか少し特色のあるような歌集などはしっかり読んで、文化的な伝統のうえに立つことが必要ではないかと思う。新しい表現をする場合でも、伝統のなかから出てこなければ、新しい伝統につながらんのではないか。過去が未来を生むわけですからね。過去のない未来はありえない。過去を十分踏まえたうえで、その流れのなかから未来が自然に出てくるはずです。

**道浦**　いま、日本語が乱れていることが問題になっていますけれど、言葉にかかわる者として、今後どのようなことを心がければよろしいでしょうか。

**白川**　これからの日本語は、僕はなかなかむずかしいことだろうと思いますね。いままでの日本語でも、漢語が半分入っとるんです。つまり外国語ですね。日本語の大和言葉《やまと》のやさしくてなよなよとしたような表現のなかに、漢字音が入ってきて、それが適度に入ってくると、それなりに締まった文体ができてくるんですね。それが現在の日本語です。異質のものが入ってきて、それが日本語をある程度育てた。だから、カナ文字が入ってくることを大変心配する人があるけれども、白秋の詩の美しさのなかには、むしろそれがあるんです。

**道浦**　「ヒヤシンス」とか、とてもきれいな言葉がありますね。

**白川**　いまのような世のなかになると、すべてを拒否することは不可能でもあるし、それはかえって自分を養うゆえんではないと思う。日本語ではどうしてもほかの言葉に置き換えることができなくて、そのまま日本語として生かすことができる言葉が、僕はあるだろうと思う。漢語をこうして生かして使っておるのと同じように、これは混入する形ではなくて、こちらの領域を広めるのだというぐらいの気持ちでやっていいんではないか。いまでも歌のなかにカナ文字が相当入ってますね。

**道浦**　私たちの若いころは「カタカナを一語以上入れてはいけない」といわれてましたけれども、若い方の作品を読むと、半分ぐらいカタカナの歌があります。私たちは、自分自身のからだに言葉を取り込んで、それに温《ぬく》もりとか体温とかを与え、手放して詩にするのが仕事だと考えてるわけですが、ワープロでつくられた歌だと、なにか記号的な言葉に感じられて、体温が伝わってこないんですね。言葉に込める思いが薄くなっているようで、寂しい気がします。

**白川**　しかし、それは言葉だけでなしに、作品のなかのその言葉の位置づけ、どういう響きをもつか、どういう意味が与えられるかによって、新しい意味内容が生まれてくるかもしれませんわね。平安朝の人でも、妙な言葉を使う場合があったんですよ。「いと掲焉《けちえん》なり」とかね。「掲焉」というのはパッと目立つことで、あの時分でもキザな言葉であったろうと思う。清少納言《せいしょうなごん》は好んで使うとるがね。

**道浦**　一首をパッと目立たせるために、私たちも俗語を取り込んだり、人があまり使わないようなきれいじゃない言葉をわざと入れたりすることは、ときどきします。

**白川**　それは新しい生命を与えるわけですからね。そういうことはどんどん試みられていいと思う。そのなかで本当に生き残る言葉があれば、それは一つの創造ですわな。新しい言葉に息吹《いぶき》を与えることになる。それを恐れて使わなかったら、語彙《ごい》は減っていくばっかりです。語彙は豊かなほうがよい。

日本の場合には平仮名で書くこともできるし、漢字で書くこともできるし、カタカナで書くこともできるし、表記法まで種類がいろいろあるわけですからね。ある言葉に一つのニュアンス（意味・感情などの微細な差異）を込める場合には、非常に都合のいい言葉なんです。

**道浦**　いかにわれわれが不勉強のまま歌をつくったり、創作活動といいながらいい加減なことをしているかを、きょうはしみじみ実感いたしました。（笑）

# 読み書き並行論

井上ひさし

「漢字があって日本語が存在するのではなく、日本語があって漢字がそれとかかわりをもつのである」（野村雅昭『漢字の機能の歴史』）、だから必要以上に漢字にこだわってはいけないと、理屈ではよく分かっているつもりだが、新聞や雑誌の記事で「交ぜ書き」を見ると、なんとなくその日の御飯がまずくなる。頭では分かっていても気持では許せないらしい。読者諸賢《どちらさま》もご存じのように、交ぜ書きというのは、「骸骨」を「がい骨」、「拉致」を「ら致」、「改悛」を「改しゅん」と書く方法のことである。この原稿に取りかかる前、たまたま「日本農業新聞」（七月二十六日付）を眺めていたら、アメリカの米作事情が載っており、その大要はこうであった。アメリカの米生産高は、南部の不作もあって急激に落ちてきている。もちろん在庫量も落ち込んだ。そこで今年は減反のための転作率はゼロになるらしい。つまりアメリカの米農家も減反政策できびしいところへ追い込まれているのだが、今年度は減反しなくてもすみそうだという記事である。そして記事の見出しが、

〈米国では転作ゼロに緩和／不作で需給ひっ迫〉
と交ぜ書きになっていた。大きな見出し活字で交ぜ書きにされるといっそう間が抜けて見える。大活字で「逼迫」となっていれば迫力があったのに惜しいことだと思いながら、こうやって原稿を書いているところだ。

交ぜ書きの歴史は、昭和二十一（一九四六）年十一月に内閣告示として公布された「当用漢字表」から始まるといってよいだろう。もちろん漢字の数を制限しようという動きは戦前からあったが、内閣告示というような「いかめしい」やり方は初めてで、このとき使用を許された漢字の数は一八五〇字。当時、国民学校六年生だった筆者たちは、一八五〇字と聞いて「ふうん、これからは楽だなあ」と思った。というのは、その四年前の昭和十七年、太平洋戦争の最中に文部省が公布した「標準漢字表」の漢字の数は二六六九字、しかもこの二六六九字は「義務教育で習得せしむべき漢字の標準」であったから、世の中に出てからも一八五〇字ですむのなら楽なものだと思ったわけである。

さて、当用漢字表が実際に行われると困ったことが起きた。表にない漢字、すなわち表外字を含む語があったとき、その表外字をどう書くのか。なーに表外字は仮名で書けばいいのさという妥協案が大勢を占め、以後、それが慣習となった。これが交ぜ書きである。このやり方は一九四五字の「常用漢字表」（昭和五十六年・一九八一）にも引き継がれ、現在に至っている。

なぜ交ぜ書きは御飯をまずくしてしまうのだろうか。大摑みに言うと、漢字は表意文字であり、仮名は表音文字である。例外はたくさんあっても、ひとまずこれが建前。日本語の表記は、漢字と仮名の、この二つの建前を併用しながら行われることになっている。ところが交ぜ書きは、意味を孕《はら》んだ漢語の一部を単なる音に置き換えてしまう。その音から元の漢字を思い出せる人たちがいる間は意味は辛うじて保たれているだろうが、元の漢字を知らない人たちの代になったら、その漢語は意味を失って死ぬしかない。これは明らかな「漢語殺し」である、

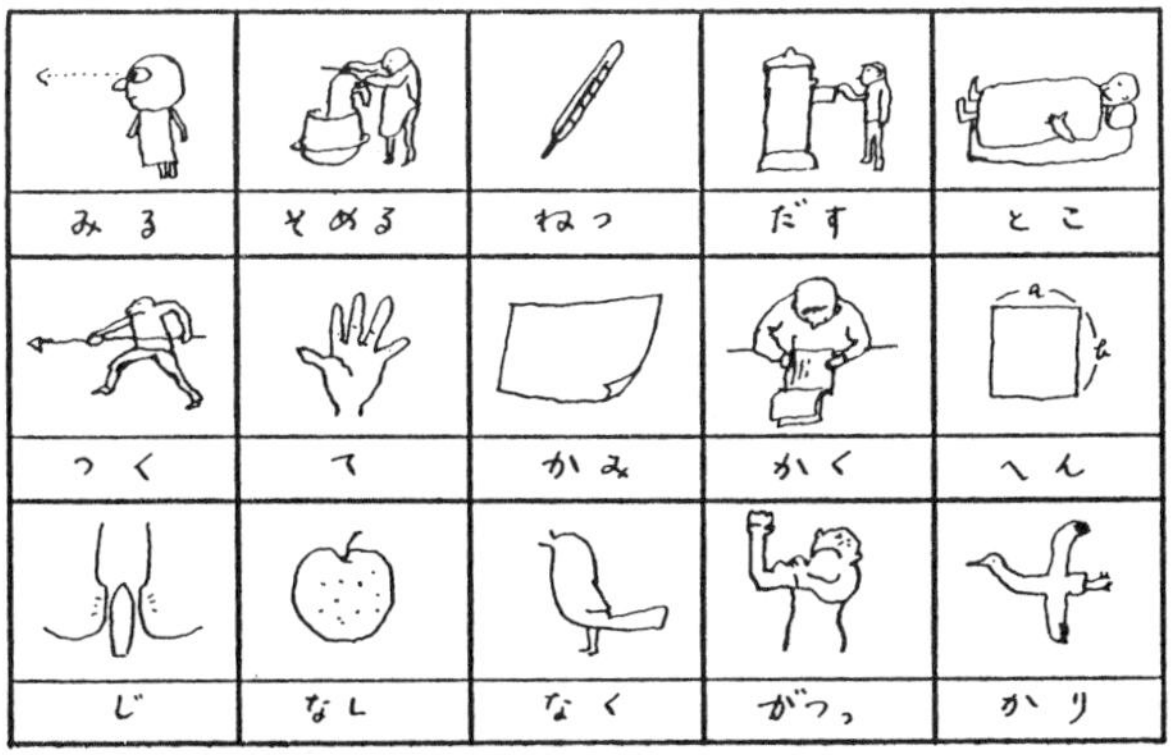


と言っては大袈裟に過ぎようが、それはとにかくとして、少しでも平易な日本語をという気持はわかるけれど、大事な原則を弄《いじ》るのはよくない。事ことばに関するかぎり、人為的な政策は百害あって一利なし、筆者はそう考えているので、交ぜ書きにそれを思いついた人たちの浅知恵が透けて見えるような気がするし、耳を澄ませば交ぜ書きにされた漢語たちの断末魔の呻きが聞こえてくるようだ。

なにより困るのは、交ぜ書きが前後の繋《つな》がりを一瞬、曖昧にしてしまうことである。「いつからら致されたのかは不明である」と書いてあったりすると「らら」に惑わされて○・五秒ぐらいは意味がとれずにぼんやりしてしまう。「一日じゅう折かんされた」にしても同じ。「意味を漢字が担い、文法的な関係を仮名が受け持つ」という日本語表記の原則は伊達《だて》ではないのである。

そんなことを言っても読めなきゃ仕方ないじゃないかと思わぬわけではないが、ここで思い出すのは、あの親切な振り仮名のことだ。振り仮名となると、さらに国語学者の原田種茂《たねしげ》氏の名言が思い出される。

「振り仮名というものは漢字教育において常に傍らにいる教師である」

たしかに振り仮名は、読者の傍らにいて絶えず読み方を教えてくえる。さらに振り仮名はことばの意味を富ましめてもくれる。たとえば戦前の国文学者、五十嵐力《ちから》（一八七四―一九四七）は次のように言った。

〈『病気をだしに』と書く代はりに『口実《だし》』と書けば、口実てふ漢文風の熟語及び、だしといふわが俗語に伴う意義趣味が相並び、相和し、相助けて茲《ここ》に一団の豊かなる意味を伝ふる。『無言《しじま》』『饗宴《うたげ》』と書けば『しじま』『うたげ』といふ古語を知らぬ者も漢字に縋《すが》つて其の意義を知り得るのみならず、『しじま＋無言＋だんまり』といふ様に古語と漢語と俗語と三重の意義を伝ふることになる。〉（『新文章講話』明治四十二年）

誠実で、教養豊かで、お道化《どけ》てもいて面白い教師、振り仮名を馘首《くび》にしてしまったのはつくづく惜しまれる。こんなにありがたい教師をどうしてお払い箱にしてしまったのだろうか。おそらく明治以来の文部省の理想が「読み書き並行主義」にあったからだ。

読める字は同時に書くことができる字でなくてはならぬと文部省は考えたのである。もっと言えば、書いてみろと言われると字引きに当たってたしかめなければならないが、しかし読めることは読める字、そういう字が独走するのを文部省は極端に恐れているようなのだ。その証拠に『小学校学習指導要領・国語編』（平成元年版）を引こう。

〈第一学年に配当されている漢字（八〇字）を主として、それらの漢字を読みその大体をかくこと〉（第一学年）

〈第一学年及び第二学年（一六〇字）に配当されている漢字を主として、それらの漢字を読みその大体を書くこと〉（第二学年）

……〈第一学年から第六学年（一八一字）までに配当されている漢字（計一〇〇六字）を主として、それらの漢字を読みその大体を書くこと〉（第六学年）

という具合に「それらの漢字を読みその大体を書くこと」が主旋律になっており、これが読み書き並行主義である。もちろん、書けるようになるのも大切であるが、しかし「読める漢字」の数を、それこそ振り仮名付きでうんと増やしてもいいのではないか。「書ける」に合わせていると「読める」漢字の数が限られてき、その結果、交ぜ書きが横行するのだ。素人の小姑《こじゅうと》がぎゃあぎゃあ言うから文部省もずいぶんやりにくいだろうけれど、とにかく交ぜ書きには力が抜けて閉口する。

## 稲穂にあらずとも

どうも最近、首（こうべ）を垂れていることが多い。

仕事上のメール文のなかで、である。パソコンメールの送信履歴を整理していると、「お願いごと」「お詫び」の文章がうんざりするほど並んでいる。

どんな職業でも、だいたいそんなものなのかもしれない。まず「御多忙中はなはだ恐縮」する。「ご無理を強いて申し訳ございません」「心中お察し申し上げ」つつも「何卒宜しくお願い申し上げます」敬具。

ほんとに恐縮してんだかねえと思われているかもしれない。「滅相もございません」「こうしてわたくしが仕事を続けられるのも貴殿あってのことと心得云々」。

そのうち期日は迫り、期日をむかえ、期日が過ぎると様相は徐々に変わってくる。

「如何でございましょうか」「お進めいただいておりますでしょうか」「昼夜貴殿のことばかりが頭によぎり」「鶴首して」「お待ち申し上げております」敬具。かたちだけは頭を下げているけど、眼はそちらをしっかと見据えていますよ、という感じだ。

そしてデッドラインはくる。

「どうなっているのでしょうか」「即刻ご連絡いただきたく」「昨夜までというお約束、反故にいたしましたね」「どうするおつもりでしょうか」。もう敬具もなにもありはしない。

朝起きてパソコンを開くと、送信時刻午前二時三時、こわいメールが届いている。ほとんど脅迫に近い。こんなものを受け取る側には、ゆめゆめなりたくない。

でも仕事を仕上げて送ってくれれば大丈夫。「嬉しく拝見いたしました」「助かりました」「こころより感謝いたします」取り急ぎ。

わたしは再び頭を深く下げている。

（妹）

トークショー………

# 変体少女文字から携帯ギャル文字へ

松永真理・藤井青銅
高橋源一郎・稲増龍夫

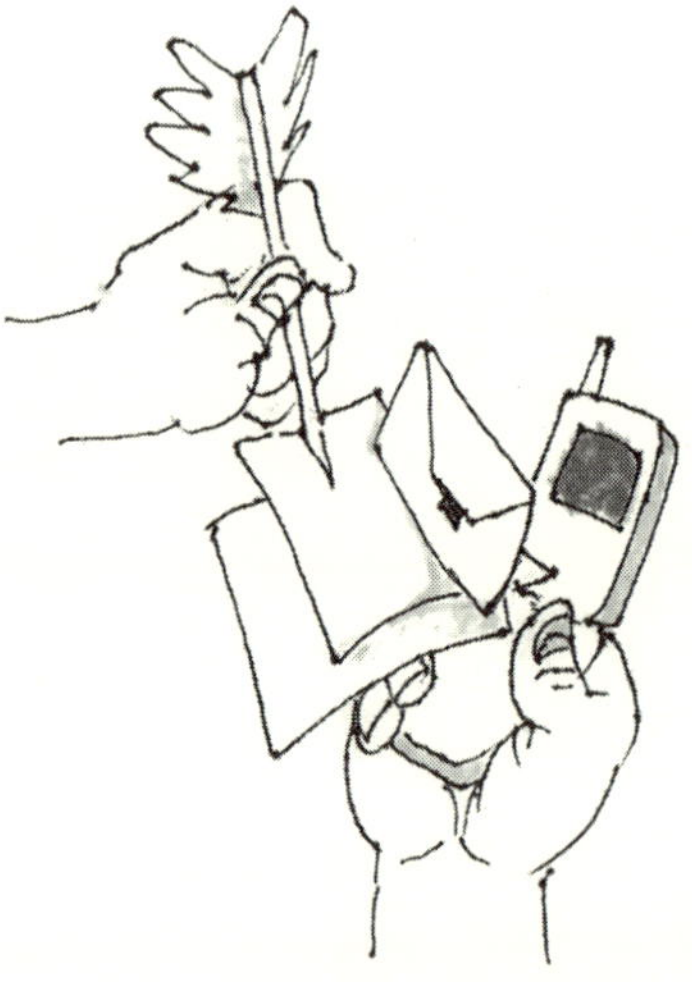

## 携帯で書き文字を

**稲増**　今日は「変体少女文字から携帯ギャル文字へ」というテーマでお集まりいただきました。『ギャル文字へた文字公式BOOK』（実業之日本社）を監修された藤井青銅さん、ｉモード生みの親の松永真理さん、そして作家の高橋源一郎さん。まずは『知恵蔵2005』の特集に「ギャル文字へた文字」という題で書かれた藤井さんから、「ギャル文字」について簡単に紹介して下さい。

**藤井**　丸くてかわいい文字が、女の子の間で二十年前から流行って、山根一眞さんが「変体少女文字」という名前をつけました（①）。これは手書きですが、同じような雰囲気を携帯メールで出せないかと考えたのが、「ギャル文字」だと思います。

　例えば、カタカナの「レ」と、繰り返し記号「ゝ」で「い」と読ませたり（②）、ギリシャ文字「ζ」を「ち」と読ませたり。携帯には必ずギリシャ文字が入ってます。何の需

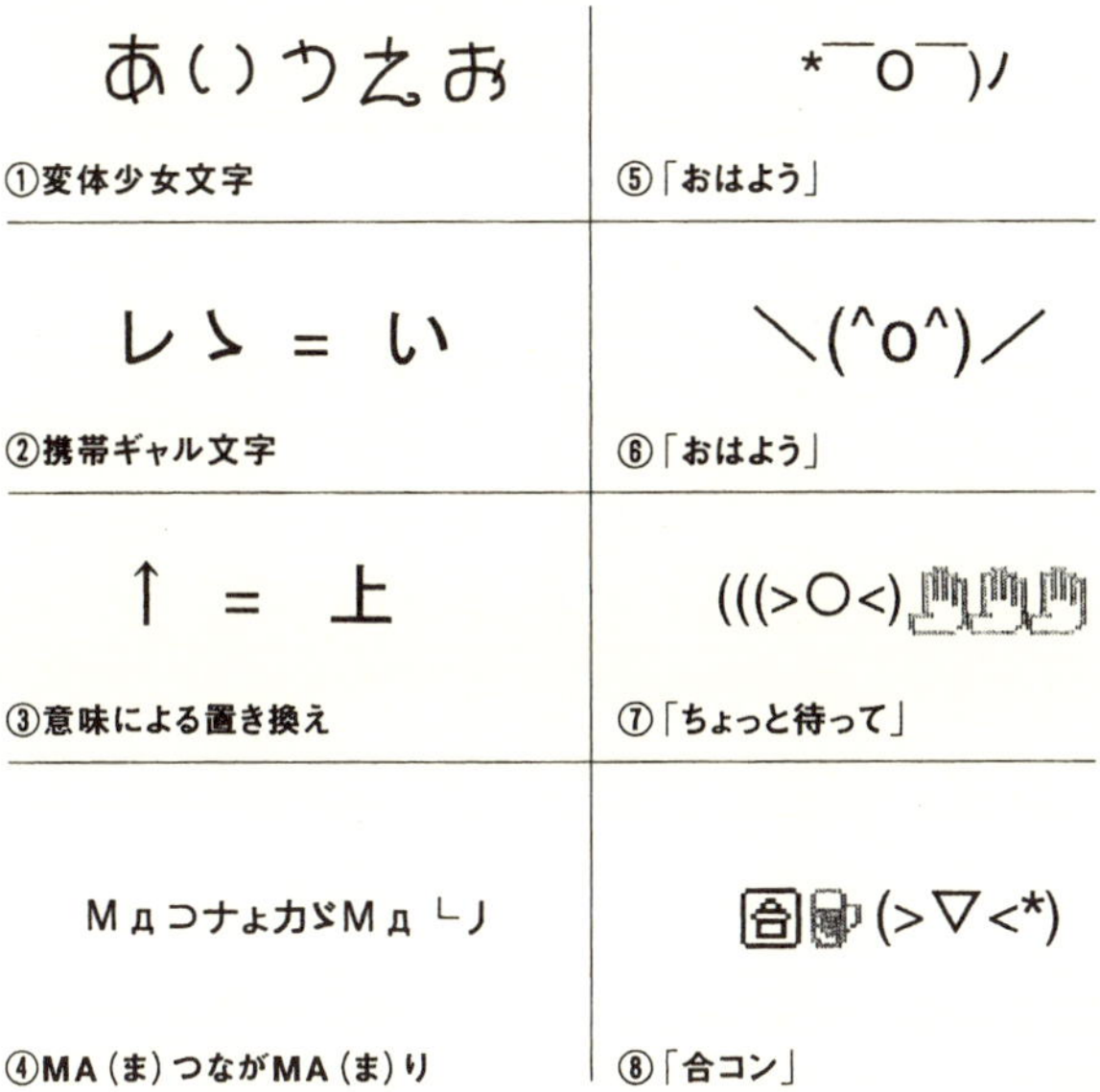


要があるのか分かりませんが、少女たちはこれを見つけて「かわいいじゃん」と、「ち」の代わりに使うようになった。

他にも、「ふ」はすごくて、わざわざ「丶」「ζ」「、」の三文字を組み合わせたりする。矢印の「↑」で「上」と読ませて（③）、「上野」なら「↑の」と書いたりもする。こうした分割や置き換えをやっていくと、無味乾燥な文字の羅列が、手書きのようにかわいく見えるんですね。

**稲増**　（④）の「ま」を見ると「M」とロシア文字の「Д」になってます。「M」を使うのは、なんだか普通な感じがしますけれども……。

**藤井**　その辺はすごくルーズなんですね（笑）。「なかったらローマ字でいいじゃん」みたいな。

**稲増**　このギャル文字も突然に出てきたわけじゃない。その前史は松永さんの専門ですね。

**松永**　最初は顔文字ですね。文字を組み合わせて顔を描くもので、いまはもう普通に使われている。同じ「おはよう」を表現するのでも、（⑤）のように書けばまだ眠い感じになるし、（⑥）のように書けばもう元気な感じがする。微妙な感情を表現できる。

ポケベル全盛の時代、メル友とかベル友とか呼ばれた世代は、数字だけでもコミュニケーションができました。当時、数あるポケベルの中で一機種だけが圧倒的に売れてたんです。ハートマークが一文字だけ使える機種でした。そこでｉモードを開発するとき、絵文字にとことんこだわろうと。まだメモリも少なかったんですが、二〇〇個も入れました。

それで、一気に表現の幅が広がった。⑦は絵文字と顔文字の組み合わせです。顔の横に手を置いて「ちょっと待って」と言っている。⑧は合コンという意味ですね。ビールのジョッキを合わせて、顔もウキウキした感じになる。

**稲増**　顔文字は私も二年前にＮＨＫの番組で取り上げました。そのときディレクターが調査したら、顔文字を作ったのは聴覚障害の方だった。一九八六年のことだったみたいです。

**松永**　ｉモードができたのは、九九年です。

**藤井**　ギャル文字については、だいたい二〇〇〇年頃かなというイメージをもっています。使っているのは女子高生。彼女たちの八割は、自分がやっていなくても読むことはできる。一方、男子高校生はまったく使わない。男子には送らない。ボーイフレンドに送っても読んでもらえないから、男子には送らない。女子の文化なんですね。それと、高校を卒業すると使わなくなるという特徴がある。

## 圧縮する技術

**松永**　私は今日、中国から帰ってきたばっかりなんです。中国は簡体文字を使ってますが、あれを見て思うのは、絵文字やギャル文字のほうが、数段クリエーティビティーが高い。漢字からひらがなを作ったように、日本はビジュアル的に文字を開発していく能力が高いんじゃないか。

**高橋**　簡体文字ができたのは六〇年代ですよね。変体少女文字が出てきたのも同じ時期です。

どこから出てきたかということを考えると、全共闘運動じゃないか。当時は手書きのビラをガリ版刷りしてたけど、四角い文字よりも丸い文字で書いたほうが書きやすいし、受け取ってもらえる。僕もその法則を発見してから、みんな丸文字になりました（笑）。つまり、かわいい女の子の文字でもあるんだけど、血と汗と涙の左翼運動のほうからも丸文字化は進行していたんじゃないかと思います。

ところで、携帯文化についてですが、実は僕も携帯をもってます。

**松永**　意外ですねえ。

**高橋**　よく言われます（笑）。でも、チョー古い機種です。僕は携帯でメールが打てないんですね。

海外から帰国して「日本に帰ってきたなあ」と実感するのは、電車に乗ると、目の前の席の二人に一人が携帯でメールをやってること。こんな国は他にありません。世界中の人々は携帯は耳に当てるもんだと思ってる。日本は音じゃなくて文字で判断してる国なんですね。

**松永**　アメリカの場合だと、メールよりもボイスメールといって、音でメッセージを残すことが多い。映画だってそうで、日本は字幕だけど、アメリかでもフランスでも吹き替えが多いんですよ。

**稲増**　向こうは読まないですものね。

**松永**　字幕を読むのがつらいんでしょう。対して、日本では戸田奈津子さんの翻訳も見事ですが、漢字とひらがなとカタカナを組み合わせた字幕を見て、瞬時に意味が読みとれますよね。日本語には意味を圧縮する技術があるんだと思いますね。

**高橋**　僕は雑誌を読むのが好きで、ギャル文字世代の『egg』も必ず買います。これは読者参加型の雑誌ですが、四年間で一人だけ「小説を読みました」と報告した子がいました（笑）。『世界の中心で、愛を叫ぶ』。で、たぶん小遣いの六割は携帯に、四割はマツキヨに消えるような子が、感想を書いている。

その感想っていうのが「意味プー」（笑）、たった四文字です。これには感銘とショックを受けました。一つは、こんな簡単な小説も読めないのかということ。もう一つは、実はこの子はものすごくよく分かってるのかもしれないということだとするなら、世界文学史上、ここまで短くて鋭い批評があっただろうか（笑）。

**松永**　四文字評論（笑）。圧縮してますねえ。

**高橋**　してます。あの雑誌を読んでいると、みんな結構頭がいいんですね。そんな彼女たちの文化的蓄積が、ギャル文字という形で結実したのではないでしょうか。これは世界にない日本独特のものだと思いますね。

平安の女性たちは漢字から作り出したひらがなで、物語を書きました。その頃、男は漢文で文章を書かなきゃいけなかったから、変化の前面に出たのは女性だったわけです。いまの子のギャル文字って、紫式部がやったことと同じではないでしょうか。

さすがに男性は文字までは変えたことはありません。世界で一番ラジカルな小説『フェネガンズ・ウェーク』を書いたジェイムズ・ジョイスだって、アルファベットを使ってます。よくジョイス語とかいわれるけど、ジョイス文字までは作っていない。

それを考えると、小説も読まないような子たちが文字まで作り出して、新しい文章を書いているというのは大きな驚きです。

**書く量は昔より多い**

**高橋**　顔文字はインターネットで流通してるけど、ギャル文字は携帯の中にしかないですよね。

**松永**　キャリア間で変換できなかったりするので。

**高橋**　それもあるでしょうけど、やっぱり文化の問題ではないでしょうか。顔文字は男女共有の文化だからネットに入っていくけど、ギャル文字は女の子の間だけに流通する「個人的なもの」で、他人に見せるという意識がないんだと思います。

**松永**　そうですね。携帯はパーソナルなものだという感覚が強い。パソコンのメールだと、いつ他人に横から覗かれるか分からない。携帯は手の中に入るだけに、いとおしさみたいなものを感じられる。

**藤井**　ギャル文字の作り方もそうなんです。例えば「い」と書きたいとき、どうしても左側が「レ」でないといけないわけじゃない。括弧の「(」でも構わない。自由裁量がある。逆に言えば、ちょっと仲間が違うと、もう通じない。仲良しグループの中だけとか、すごくパーソナルなわけです。

**稲増**　彼女たちは人が使ってるのを見て、「これ、いいよね」って、すごく簡単に変えますよね。

**藤井**　そうやって互いに表現力を高めていってる。用意されたもの、大人のお仕着せを使いたくないという気持ちもあるんでしょう。

**松永**　業界用語ってありますよね。他の業界の人間には意味が分からないような隠語というか。あれと同じで、友達同士の会話を親に聞かれたくない。それで自分たちだけの業界用語を作ってる。

**稲増**　私は二〇年間、大学で教えてまして、学生のレポートは山ほど見てるんですけど、明らかに女の子の字が汚くなってます。一時のような丸文字の隆盛は消えて、まるで男の子のような下手くそな字を書いてる。書き文字に関しては男女の区別がなくなってるのに、携帯の世界では新しい女の子文化が生まれてきている。不思議な感じがします。

**松永**　文字を書き慣れてないんでしょうね。

**高橋**　文字を書かなくなった。ただね、メールって要するに手紙でしょ。文章はすごく書いてるんですよ。昔は手紙を書きましたよね。ラブレターとか、僕も二〇代ぐらいまでは書きました。でも、どこかの時点で「さすがに手紙はきついな」と思いだして、やめてしまったんです。四〇代以上の人たちはほとんど、手紙を書かなくなってると思います。他人とのコミュニケーションの手段としては、いまは言葉を選択するわけです。

これで手紙の習慣はなくなるのかと思ってたら、意外にもメールという形で復活した。古典的なラブレターは重たいから、むう少しバリアが低いメールを書く。ギャル文字世代が書いている量って、絶対に僕らの世代よりも多いですよ。そこで切磋琢磨してるとしたら、新しい文字文化だといえるのかもしれません。

**松永**　なぜ彼女たちがコミュニケーションの手段として文字を選ぶのか。いまの人たちは、言葉だけでは自分の気持ちを伝え切れないという思いがあるんでしょうね。

ｉモードを作るときに、精神科医・大平健さんの『やさしさの精神病理』（岩波新書）を読んだんです。例えば友達にノートを貸してほしいと直接言って断られたら傷つくので、ポケベルで伝える。相手の側も「断ったら、嫌なやつだと思われるんじゃないか」とビクビクしてますから、嫌だったら、メールを読まなかったことにすれば済みます。

つまり、自分が傷つきたくない臆病さと、相手に対して配慮するやさしさが同居している。若い人たちの間でメールがこれだけ使われている背景には、そういう事情があるんだと思います。

## 滑舌

声が大きい、滑舌がいいとよく言われる。そうなのだと自分でも思っている。

閑をもてあまして辞典をひいてみたら、その「滑舌」がなかった。ひいたのは日本一の辞典と名高い『日本国語大辞典』初版全二十巻だった。辞書の最高峰『広辞苑』にもない。名高い『大辞林』にもない。

あれれ、おかしいなあ、まさか「かつした」か？　当たり前だがそんな言葉はない。そんな…わたしの滑舌はどうなるんだよ。ええと、もし語釈するならどういうことなんだ、わが滑舌は。

「発声・発音が粒立っており、明確で、なめらかであること」。ちょっと自画自賛すぎるか。

わたしは辞書にその言葉がないだけで、まるで自己証明を失ったかのようにすっかり狼狽・困惑してしまった。

最近、また閑をもてあまして、大改訂『日本国語大辞典』第二版をひいてみた。そこには平然とした佇まいで「滑舌」が在った！　「口の動きを滑らかにするために行なう発音の練習」とある。

ちょっと違う。でもわたしの「滑舌」は市民権を得た、気がした。（妹）

＊

古い辞書を調べたら「滑舌」、ありました。

山田美妙著『漢語故諺熟語大辞林』（明治三四年）

……滑舌　クチノヨクマハルコト。＝オシヤベリでアルコト。（境）

# 「矛盾」と書けない大学生

内田　樹

「最近の大学生はバカになったのでしょうか?」とよく訊ねられる。

答えるのに困る質問である。

ある意味では「イエス」である。たしかに学力は低下している。「壮絶なまでに」と申し上げてもよいくらいだ。だが、それを学生の責に帰すことに私は一抹の疚しさを感じるからである。

三年ほど前、学生のレポートに「精心」という字を見出したときには強い衝撃を受けた。だが、この文字はまだ「精神」という語の「誤字」であるということがただちに分かる程度の誤記であった。去年、学生のレポートに「無純」の文字を見出したときには、さすがに、しばらく動悸が鎮まらなかった。それが「精心」とは違う意味での、知的な「地殻変動」の兆候のように思えたからである。

文脈をたどる限り、「無純」の語をこの学生はただしく「矛盾」の意味で用いていた。「むじゅん」ということばの意味をこの学生は理解しているのである。「無純」という文字も、「(対立者を含んでいるので) 純粋では無い」とい

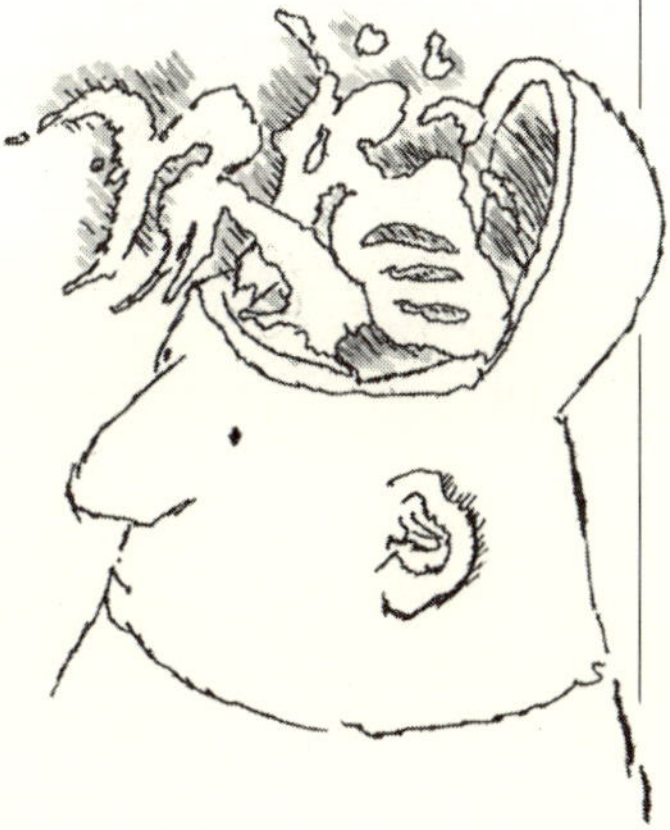

う解釈によるのであろうから、決してデタラメとは言えない。むしろ、「むじゅん」という音と、文脈から、「無純」という「当て字」を推理した知的能力は「かなり高い」と申し上げてもよいくらいだ。

だから問題はむしろ、語義を理解し造語する能力まで備えた学生が、なお「矛盾」という文字を知らなかった、という点に存するのである。

もちろん、これまでも「矛盾」という字を書けなかった学生はいくらもいた。「予盾」と書いたり、「矛循」と書いたりする例は珍しいものではない。けれども、これらの誤字は「矛盾」という文字のかたちを「正確には再現できない」というだけのことであり、その文字を「知らない」ということとは違う。

現に私たちは毎日のように、「正確には再現できないが、読むことはできる」文字を使ってコミュニケーションをしている。「顰蹙を買う」ということばは日常的に使われているが、「ひんしゅく」を正しく漢字で書ける人はあまりいない（私は書けない）。「語彙」の「い」の字や「範疇」の「ちゅう」の字を「どう書くの？」といきなり訊かれたら困る人は少なくないだろう。

だが、「無純」が暗示するのは、そういう種類の「知識の不正確さ」とは別の種類の「知識の欠落」が蔓延しつつあるという現実である。

なぜ、「矛盾」が書けないのか？

「本や新聞を読まないからだよ」と言って済ませる人がいる。

だが、そうだろうか。実際には、彼らはけっこう文字を読んでいる。

彼らが愛読する「マンガ」というのは絵と文字のハイブリッド・メディアであり、膨大な量の文字情報をも同時に発信している（だから識字率の低い国では、子どもたちが「マンガさえ読めない」ということが起こるのだ）。それに、彼らが日頃耽読している情報誌やファッション誌もまた少なからぬ文字情報を含んでいる。

なぜ、これだけ文字に浸っていながら、「文字が読めない」ということが起こるのか。

私の仮説は次のようなものである。

それは彼らが「飛ばし読み」という習慣を内在化させて

いるからである。

今の若者たちのリテラシーには、「分からない文字は瞬時に飛ばして、読めなくても、気にしない」という「物忘れ機能」が初期設定でビルトインされている。これが問題の根幹なのである。

通常、私たちは「自分程度の知的水準の読者を対象としている」と想定されているメディアで、自分の「読めない文字」や「意味の分からない単語」に出会った場合、「ぎくり」とする。文脈から推察できない場合は、人に聞いたり、（あとでこっそり）辞書を引いたりして、語義を確定しようとする。そのような「意味の欠如」に反応する不快や欠落感に担保されて私たちの語彙は拡大するのである。

ところが、当今の若者たちの場合は、「自分たちの知的水準に合った」メディアに日常的に触れながら、「意味の欠如」を埋めようとする意欲がほとんど発生しない。読めない文字があっても気にならないのである。

どうして、そんなことが起こるのか？

実物に即してご説明しよう。次の文章は関西のある情報誌の音楽情報コラムの冒頭の一節である。

「一一月だ。イアン・シンクレアの最新作『ロンドン・オービタル』の出版に合わせて、ロンドンの『バービカン』で一風変わったイヴェントが催される。グランタから出版されるこの本はM25―この作者が首都を取り囲むフェンスであると見なす幹線道路―に捧げられたものだ。このイヴェントではワイアー（〝アヴァン・ウェイブ／ポスト・ギャルド・パンクス〟彼らを覚えているかな？）、思い思いに装ったKLF（覚えている？）、ビル・ドラモンド（一〇〇万ポンドを燃やした男！）起き掛けにたっぷりスコッチを呑むことで有名なSF作家J・G・バラード、そして最近ではピジン英語を世界的な言語として広めるプロジェクトと腹話術ワークショップで知られる紳士、ケン・キャンベルといった突飛なキャストが集められている。」（Paul Bradshaw, London Calling,『Meets Regional』、二〇〇三年一月号）

私がこのパラグラフの中で意味の分かった固有名詞は「ロンドン」と「J・G・バラード」だけであった。いまどきの若者たちがどれほどワールド・ミュージック・シーンについて深い造詣を誇っているのか、私には想像もできないが、このパラグラフを「すらすらと」読んで、その意味のすべてを理解できたのは『ミーツ・リージョナル』の読者の中にも決して多くはなかったであろう。

この引用はやや特殊すぎるけれど、それでも、このような文章ばかりを浴びるように読み続けた場合に、人間は文字情報に対してどのような反応をするようになるのか、ということは容易に想像がつく。

そう。「意味の分からないことばがあっても、気にしない」という反応である。

「覚えてるかい?」というポール・ブラッドショウの親しげな呼びかけが暗示しているように、この文章が読者に求めているのは、ちょうど英語のヒットソングを(歌詞の意味が分からなくても)愉しめるのと同じように、「ノリのよい文章を読んで、気分がよくなること」である。

「単語一つ一つの意味なんか、どうだっていいじゃないか。」

書き手だってそう思って書いているのだ。

書く側、読む側に共有されているこのような「テクスト=音楽」的な受容態度が、「今どきの若者のリテラシーに初期設定としてビルトインされている『飛ばし読み』機能」を形成する心理的土壌をなしていると私は考えている。

同じことは英語まじりのDJ番組や、スタッフのあいだでしか通じない意味不明の「内輪ギャグ」を平然と放送するヴァラエティ番組についても言えるだろう。いわば、メディアはほとんど意図的に「虫食い算」のようなかたちで情報を供与しているのである。そして、メッセージの受け手がその「意味の虫食い部分」について、「え、いま何て言ったの?」「え、それ何?何のこと?」というふうに逐語的に反応するのは「みっともないこと」だとされているのである。

いまの若い人たちが目にし、耳にする日本語の文章は、あまりに多くの「意味不明のことば」を含んでいる。そして、読者視聴者に期待されているのは、その逐語的理解ではなく、文章の持つグルーヴ感やテンションに同調して「乗る」ことだけなのである。

おそらくはそのようにして「無純」と書く大学生は誕生したのであると私は思う。

彼女は「矛盾」という文字を新聞や雑誌や小説で読むと

きは、それを無意味な「汚れ」として「読み飛ばし」、「むじゅん」という音の語義については、文脈と「ノリ」から推理してみせたのである。

先日、入試の英文和訳の採点をした。「すごい」答案が続出して、何度も赤鉛筆をはらりと落とした。その答案を見て私が慄然としたのは、彼女たちが「英語が出来ない」からではない。「日本語が出来ない」からでもない（もはや、そういうレベルの問題ではない）。

まったく無意味な文章が平然と書き連ねてあったからである。

彼女たちは、誰が読んでも意味不明である文章を書いて、そしてそのことにご自身が心理的抵抗をあまり感じていないのである。とすれば、この事態を説明できるロジックは一つしかない。それは世界は「現に彼女たちが今書いているようなテクスト」として読まれているということである。

おそらく「世界」は、彼女たちの書く答案に似た「意味の虫食い状態」として彼女たちの意識の前に現前しているのである。

情報や知識の欠如が「欠如」として前景化せず、むしろ世界の「地」として背景に溶け込んでいる状態、「意味の欠如」が不快や不足として感知されない状態、そのような知的状況に二一世紀の日本の若者は置かれている。

そして、彼らをこのような知的窮状に追い込んだ責任は、年長者たちの世代全体（教育者もメディア業界人も知識人たちも含めて）にあると私は思う。逐語的に読んでも明晰判明であり、それが世界にぴんと筋の通った整序をもたらすようなことばで書き語るという努力を私たちはあまりに長きにわたって怠ってきたのではあるまいか。学生たちの語彙の不足を責めるより先に、私たちはまず自分たちの「ことば」の点検から開始すべきではあるまいか。

# 日本人がよく間違える日本語の使い方

**兼子盾夫**

日本語は習得するのに難しいと言われる。たしかに英語を母語とする人たちが、同じ印欧語族に属するスペイン語や（ちょっと距離はあるが）ロシア語を勉強する時には、日本語を勉強する場合よりずっと楽である。彼らにとって日本語は明らかに取っ付難い、特殊な言語である。近年、海外で日本語を学ぶ人の数が急速に増加している（いちばん多いのはお隣の中国）が、それにもかかわらず、彼らが日本語の新聞を読みこなせるようになるには随分と時間がかかるのだ。

日本人はたぶん少しがっかりするだろうが、日本語を喋ることは、じつはそれほど難しいことではない。私は決してインテリとは言えない、ふつうのフランス人青年が東京にやって来て短期間に日本語がぺらぺらになった例を知っている。しかも彼は日本語学校に通ったわけでもないし、優秀な個人教授についたわけでもない。ただ彼は喫茶店で日本人とよく喋ったし、カラオケに毎日、通った。そうして日本人の特有な発想法や表現をよく習得した。今や中年の彼はテレビのCMに出るほどである。

## 1、難しいのは漢字の読み方と敬語の使い方

だから俗に言われる日本語の難しさは、よく考えると実は日本語文法にではなく、専ら漢字―たくさんあって、しかもその読み方が複雑であること―と日本社会のややこしい人間関係を反映する敬語の使い方にあるのだ。

しかし最近の日本人は敬語については、かつてほど注意を払わないようだ。特に若い人は敬語をあまり使いたがらない。若い人は臆することなく、敬語抜きで年長者と会話する。私の個人的な日常の体験でも、学生が研究室に来て「○○先生、いますか。」と同僚の所在をきく。私は「今日は何曜日で○○先生の出講日ではないので、たぶんお見えにならないと思う。」と言うように答える。すると学生は「じゃ、明日は来ますか。」ときく。昔は学生の「いますか」や「来ますか」という素朴な問いを、そういう時には「いらっしゃいますか」とか「おみえになりますか」とか言うようにしなさいと、将来の入社試験の場面なども想定して注意したのだったが、最近はむしろひとつの社会現象として面白く観察することにしている。

今の学生はもともと尊敬とか謙譲とか丁寧な言葉使いを要求する対人関係を経験していないので、つまり我々中高年のオジサンとは異文化社会に住んでいるので、仮に訂正したところで、訂正の意味がわからずポカンとするだけだ。

## 2、E・ジョーダン先生の敬語をめぐる冗談

私自身、むろん自分の敬語の使い方が100％正しいと自信をもっているわけではない。自分の自信のなさを補うためにも、むしろ最近は敬語の過剰使用に反対している位だ。この敬語の煩雑さについては、いつかテレビでコーネル大学のE・ジョーダン女史が巧みな日本語で冗談を言っておられたのを覚えている。先生は当時、国立国語研究所を訪問中であったが、話はその来日前のことである。先生のかつての教え子の米人がそこで勉強をしていた。ある日、その学生が自分の現在の師である日本人の偉い先生にジョーダン女史の来日を告げようとして、適切な敬語の使い方にハタと当惑してしまった。なぜなら敬語を決定する等式中

の変数が、通常の2つ（相手と自分）ではなく、3つ（アメリカにいるジョーダン女史、眼前の日本人の偉い先生、学生である自分）だからだ。

学生はまず「ジョーダン先生が（近日中に）いらっしゃい（来るの尊敬語）ます（丁寧語）。」と言った。するとそれは完璧ではない。何故ならジョーダン先生についてはいいが、眼前の日本人の偉い先生に対しては十分でない。そこで「ジョーダン先生が（近日中に）参り（来るの謙譲語）ます（丁寧語）。」と言った。すると今度は謙譲語は使用したが、ジョーダン先生に対する尊敬語が抜けてしまった。

すっかり当惑した学生に向かって日本人のその偉い先生は「そういう時には、ジョーダン先生が（近日中に）参られます（謙譲語＋尊敬語＋丁寧語）。」と言えばよいと仰ったそうである。

源氏物語では「きこし召す」の主語はすぐ見当がつく。そういう約束ごとを含めて、日本語を文学として凝るのはいいが、コミュニケーションの手段としての日本語は出来るだけ簡明にすべきだと私は思う。したがって敬語も思いきって簡単にすべきだ。というよりそもそも敬語を正確に使い分けなさいという良き伝統の方がもう時代遅れなのではないだろうか。

これから挙げる漢字と漢字熟語の例（文）に関しては読みを片仮名—日本人以外の人には却って読みづらいかも知れないが、NHKから出ているアクセントの本も片仮名で振ってあることだし—で振ることにした（近い将来、英訳するつもりである）。

## 3、漢字の問題が肝心

教室で「日常茶飯事ニチジョウ　サハンジ」という熟語を読ませたら、学生がニチジョウ　チャメシゴトと読んだと言う話が巷間、まことしやかに伝わっている。それほど漢字に関して今の若い人は読めないし、まして書けない。私の試験でも精神セイシンと肉体ニクタイの二元論的対立と言うときの「精神」に「性心」と言う字を当てた学生がいたが、これなどは青年期の若者の本音が滲んでいて同情に値する。「興味津々キョウミ　シンシン」と書くべきところを「深々」と書くのは、テレビのCMにもなった位でなかなか捨てがたい味を持つ誤りである。誤字にもいろいろあって、なるほどと思わせるものもある。次に掲げるのはよくある誤字の例である。自戒の意をこめて披露する。

正　誤

(1) 基礎知識の欠如—欠除

(2) 誤字の指摘—指適

(3) 情勢は予断を許さない—余談（ところで余談になるが…のときは、この余談が正しい）

(4) 結論から先に言えば—決論

(5) この先、急カーブあり！　徐行せよ。—除行

(6) 複雑な事情が絡んでいる—復雑な　etc.

今の若者は漢字を読んだり書いたりする基礎学力が不足していると言ったところでしようがない。誤字の防止には、やはり一つ一つの漢字の語源にまで逆上って、用法を丸ごと記憶するしかないだろう。そもそも中国から漢字が来た時には、四声シセイ、シ　ショウ（平声、上声、去声、入声）の別があり、必ずしも同音ではなかったのだが、時代が下って発音が日本語化するとともに、今のような全く同じ発音の漢字が溢れるようになってしまったのだ。そのように同音異義もややこしいが、さらに日本語を勉強するときに、学習者をして「なんて出鱈目なんだ、もうお手上げだ。」という絶望感に陥らせるものに、漢字の読み方が何通りもあることがある。歴史的な説明は後に簡単にするが、ここではもう少し漢字の読み方の煩雑さを学習者の身になって嘆いて欲しい。

例えば便利ベンリの便は二通フタトオりに読まれる。即ち「郵便ユウビン」、「僕は飛行機の次の便ビンに乗るつもりだ。」の時はビンと読むが、他の時には「谷間タニアイを縫って軽便鉄道ケイベンテツドウが走っている。」、「検便ケンベン」、「彼は賄賂を取って業者に便宜ベンギを計ってやった。」というようにいずれもベンである。

このようにひとつの漢字が二通りに読まれるのは正に不便フベンそのものだが、そういう中で最も極端な例として、音オンで「生セイ」訓クンで「生イキル」という字がある。それには、なんと以下の如く七通りもの読み方がある。私が黒板に六通りの漢字の読みを振ったところ熱心な学生さんが翌週、辞書を引いて来て一つ（芝生、生える）追加して呉れた。もっとも最近、気がついたのだが人名や地名の

固有名詞（柿生カキオ、種生タネオ）にはオと読ませるものがあるので、八通りあるとも言える。

## 完璧な壁

完璧なひとはいない。悲しいかな、だれもが過ちを冒す。完璧を完璧だと思いこんでいたりするものだ。

もともと完璧とはなんの疵もない玉のことで、完全無欠という意味をもつ。左官屋さんが、なんの疵も塗りむらもない完全無欠の仕上がりの壁に向かって「うむ、完璧だ」とひとりつぶやくことがある、かもしれない。その状況下に限れば、それはそれで間違っていない。

鉄壁という言葉がある。これは鉄のカベだ。そこから派生して、非常に堅い守りという意味をもつ。「阪神、鉄壁の二遊間」というふうに使う。ほかにも「受験英語・鉄壁シリーズ」「鉄壁の攻略本」とか、ほとんど「完璧」に近いというか、最近は完璧よりもさらに無欠なという意味に使われていることが多い。

完全無欠な玉と鉄の壁と、どちらがより完璧なのかというのは、非常に微妙でむつかしく、ひとによって意見は分かれるかもしれない。

あえて優劣をつけさせていただくと、完璧な玉のほうが鉄の壁よりもスゴい、と思う。宝石の研磨はすぐれた技量と長大な時間がかかる。なんといっても玉（ぎょく）である。こっちだと思う。

ただ、堅い守りとしての鉄の壁を実際につくる工程がいまひとつ上手く想像できないし、製鉄所でどれほどの技術の粋が集められているのか知る由もない。もしかしたら鉄壁のほうが完璧なのかもしれない。（妹）

# 「当て字」の話

川嶋秀之

## 一、誤字と当て字

一般に当て字というのはどのように理解されているだろうか。おそらくあまり好意的には思われていないだろう。「当て字を書いてはいけない」などという時には正しい字を忘れて当てずっぽうに書いたいい加減な字と受け取られている。これは試験やレポートによくあらわれるもので、今年のレポートには「経移」(経緯)、「単らく的」(短絡的)、「調度」(副詞「ちょうど」)、「検当」(検討)などがあったが、自信のないときは仮名書きにせよとの受験技術が行き渡っているせいか年々少なくなりつつある。この種のものには今では古典的ともいえる傑作「料裁健母」「危機一発」「和気愛々」などがあって意味を加味したあてかたの巧みさに感心させられるが、社会的にはこれらの表記は承認されていない。これらは誤字として当て字とは区別して扱うべきものである。しかしこれらの表記を生じさせてしまう心理的背景や言葉の意味と、それを表記する表意文字とし

ての漢字の相関の問題は十分考察するに値する問題であろう。今日の漢字の用い方の枠組みからすれば誤字にされてしまう表記でも慣用化し定着すれば、それは誤字ではなくなってしまう。「時計」「身代」「普段」などはそうして成立したものである。その経緯は後述する。ちなみに「当て字」を「宛字」とも書くが、これは字体認識の誤りに由来する誤字である。「宛字」の「宛」は曲がりくねるさま（宛転）や、さながら（宛然）といった意味を持つ字で、アテ字のアテに用いられる理由は全くない。これは「あてる」の訓を持つ「充」字の変体表記を「宛」の字に誤認したことに起因するもので、中世以来「宛」を「あて」と読むことが慣用化し「あてじ」の表記にも用いられるようになったのである。言ってみれば「宛字」の表記自体が誤認に基づいて別な字をあてた当て字でもあった。

当て字とは漢字が具備している音と意味を本来の用法とは異なる仕方で用いることである。だから当て字はこれを広くとらえれば正統な漢語以外の、日本語を書き表わすために用いた漢字はすべて当て字といえる。しかし普通は、漢字の本来の意味に日本語の訓《よ》み（和訓）が対応しそれが固定化し定着しているものは当て字とはいわない。例えば、「山」や「川」に対し「やま」「かわ」の訓が与えられ、日本語「やま」「かわ」を表記するのに「山」「川」を用いることが確立しているが、これらは漢字本来の字義・用法と対応関係があるので当て字からは除外される。当て字とは日本語を表記するのに、語と表記の関係がこのような関係になく、語と表記された漢字の間に通常でない対応関係の生じているものをいう。私は小学生の頃、年賀状に「明けましてお目出とうございます」と新年の挨拶を書いていたが、このうちの「目出」が当て字である。本来「めで」とは形容詞「めでたし」の語幹の一部で、ほめたたえる意の動詞「めづ」とも関係し、「目出」つまり「目が出る」こととは全く関係がない。「目出」では落ち着きが悪いのでそのうち「芽出」という表記を案出し、種から芽が出るのはめでたいことだろうと勝手な解釈を施し意味的に連関させ心理的安定をはかっていたが、勿論これも当て字にすぎない。「目出」も「芽出」も「めで」という語にもともと何の関係もない「目出」「芽出」の訓みの音（訓の音的側面）をあて、意味を捨て去るという通常でない用い方をしたので当て字なのである。

## 二、当て字の分類

当て字はさまざまなケースを含みそれを整理しようとすると大変である。ここでは一で述べた、語と表記された漢字の間の通常でない対応関係を、わかりやすさを優先して大きく分類してみようと思う。

1．漢字をその意味の面を捨て音だけを利用して表記したもの。外国名・外来語表記に典型的に見られる音訳の方法である。もともとなかった語なので漢字表記して受け入れればすべて当て字となる。

例　亜細亜《アジア》　土耳古《トルコ》　英吉利《イギリス》　伊太利《イタリア》　葡萄牙《ポルトガル》　瑞西《スイス》
瓦斯《ガス》　珈琲《コーヒー》　合羽《カッパ》　護謨《ゴム》　曹達《ソーダ》

これらはインドのサンスクリット語で書かれた仏教の経典を漢訳した時にすでにとられた方法で「阿弥陀」「釈迦」「達磨」「阿修羅」などはそうした音訳によるものである。これらは方法的には当て字と共通するが、すでに中国で成立していたものを移入したものなので当て字でないともいえる。この方法は和語に適切な漢字表記が成立していない場合にも行われることがある。

例　甲斐《かい》　遮二無二《しゃにむに》　滅茶苦茶《めちゃくちゃ》　鳥渡《ちょっと》　兎角《とかく》　巫山戯《ふざけ》

これらに準ずるものとして、訓の確立している漢字からその意味を捨象し訓のもっぱら音の面を利用して和語を表記することもある。先の「目出」「芽出」はこれによるものである。

例　矢張《やはり》　浦山敷《うらやましく》　矢鱈《やたら》　呉々《くれぐれ》　出鱈目《でたらめ》　浅猿《あさまし》
面白《おもしろし》　墓無《はかなし》　六借《むつかし》　糸惜《いとおし》

2．二字以上の漢字表記に一つの和訓が定着しているもの。熟字訓ともよんでいる。漢字一つ一つの訓をあわせても全体の訓にならないので、当て字として扱われる。

例　昨日《きのう》　素人《しろうと》　女郎花《おみなえし》　紫陽花《あじさい》　五月雨《さみだれ》　五月蠅《うるさい》
雪崩《なだれ》　足袋《たび》　浴衣《ゆかた》　雲雀《ひばり》　蝸牛《かたつむり》　秋刀魚《さんま》　無花果《いちじく》
百日紅《さるすべり》　美味《おい》しい　不味《まず》い　相応《ふさわ》しい

古代の日本には「日下《くさか》」「飛鳥《あすか》」などの地名があり、この使い方も由来の古いものである。これらのうちには中国に出自を有する「女郎花」「紫陽花」などと、日本で作られた「五月蠅」「足袋」がある。出自が確かであるということからいえば先にあげた「阿弥陀」などのように当て字ではないともいえるが、上述の特質を共有するのでまとめて扱ってもよいと思われる。外来語の意味をとってそれに漢字をあてると、この熟字訓と同じ形式のものができあがる。

例　煙草《タバコ》　麦酒《ビール》　隧道《トンネル》　燐寸《マッチ》　仙人掌《サボテン》　庭球《テニス》

　外来語の音と意味とを巧みに結びつけて表記を工夫した例「型録《カタログ》」「倶楽部《クラブ》」などもある。こうした工夫は外来語だけでなく和語においても「護美箱《ごみばこ》」「我楽多《がらくた》」などと行われるが、これらの場合は音があくまでも優先しそれに意味も考慮したと考えられ、1に属すとした方がよいであろう。中国でもコカコーラを「可口可楽」と見事に訳した。ここには漢字を表音的に使いながらも語の意味と調和をはかりたいとする漢字使用者の意識がうかがえる。

　当て字は以上のように大別されるが、ほかに経緯の点から見てもとの正統の漢字表記を変えて別な漢字表記に改められてできた当て字がある。漢字政策による人為的なものと言葉自体の意味変化による自然推移的なものとの二つのケースがある。これらは普通当て字と思われていないものが多い。

## 三、漢字政策と当て字

　二で挙げた当て字諸例のうち、多くのものが今日ではほとんど見られなくなった。これは戦後の国語政策によるものである。それまではかなり自由に、とくに明治時代に例をとれば「林端《はずれ》」「情夫情婦《おもうどうし》」「愛度気《あどけ》なく」（二葉亭四迷訳『めぐりあい』）など臨時的な当て字まで含めて行われていて、当て字隆盛の感があった。漱石の作品には当て字が多いと一般にいわれるが、漱石ばかりではなく当時の新聞にも当て字が多く行われるなど時代がそうだったのである。ところが昭和二一年に当用漢字表が公布されてから事態は一変する。そこでは漢字の使用を制限するとともに、「当て字は仮名書きにする」という方針が打ち出されたので、公用文をはじめ新聞や教科書には当て字が使われなくなり、その多くは仮名書き(外国地名・外来語はカタカナ)になった。また、当用漢字表にない漢字を含む熟語を表内にある漢字を用いて書き改めて、ここに新しい当て字を作り出した。

例　銓衡→選考　萎縮→委縮　障碍→障害
叡智→英知　衣裳→衣装　蒐集→収集
断乎→断固　月蝕→月食

これらは同音であることはもとより意味も考慮してあてられているので、戦後世代の人の中には当て字と気が付かない人も多いことだろう。片方で当て字をなくし、もう片方で当て字を作り出すという一見矛盾することをしているようであるが、どちらも表記の簡易化を図っていることでは共通するところがある。

こうしたことによりこれまで行われてきたかなりの当て字は消えてゆくことになると思われたが、昭和四八年の音訓改定により「二字以上の漢字による熟字や、いわゆる当て字のうち、慣用の久しいものは取り上げる」ようになって、いくつかの当て字が復活した。「時計」「田舎」「時雨」「紅葉《もみじ》」などがそれである。これらの漢字表記の視覚に訴える印象や味わいはやはり捨てがたく、一般には多く行われていたので国語審議会も追認するというかたちになったのである。しかし、「数奇屋」など音を利用した当て字は極めて少数しか復活しなかった。これらは外来語についてはカタカナ書きが定着し、副詞・形容詞については仮名書きが一般的になったからである。

## 四、意味変化と当て字

言葉は使用されているうちに意味が変化する。そして変化した意味とそれを表記する漢字の意味との間に開きが大きくなると、意味と表記との乖離を修復しようとして本来の漢字表記を改め、別の漢字表記をあてることがある。こうしてあてられた漢字表記は本来の漢字表記ではないので、誤字であるともいえるし当て字であるともいえる。今日では慣用が久しく定着したものは当て字として扱われるが、すでに意味と表記との間に通常のごとくに見える関係が成立しており、当て字とは思えなくなっていることが多い。これは語をその意味にふさわしくない文字で書くという表記上の違和感を解消しようとする、一種の合理化・工夫とも考えられよう。意味の分化に応じて新しい表記を案出したとすれば、この種の当て字は積極的に評価されてもよい。

一で挙げた「時計」「身代」「普段」にはそれぞれもとの表記があった。「時計」は「土圭」が本来の表記であった。「土圭」は古代中国で盛り土の上に棒を立てて時間を計った装置のことであったが、時間を計る装置の変化とともにこの表記がふさわしく感じられなくなり、機能の面に焦点をあてた「時計」が考えだされたのである。「身代」はもと「進退」で、「進退」は自由に移動させたり、思い通りに扱ったりできる意味であった。そして思い通りに処分できる財産という意味が生じ、それに「身代」があてられるようになったのである。「普段」は「不断」からの変化で、絶え間なく続く意から日常の意味が分出し、それに対して新しい表記「普段」が作り出されあてられるようになった。同種の語には「卑怯」(「比興」から)、素性(「種姓」から)、元気(「減気」から)などがある。

## 五、当て字の今後

これからは以前のように当て字が盛行することはないであろうが、歌謡曲など特定の分野では「都会《まち》」「現在《いま》」「幻影《かげ》」「山小屋《ロッジ》」などの臨時的な当て字が、現在も行われているし今後もその表記上の効果によって行われ続けていくであろう。また、四で見たような表記を変えようとする潜在的な心理は今後もいくつかの語の表記を変えていくに違いない。「的確」を最近では「適確」と書くことが定着したようだが、この背後には「最適」など同音の「適」の字の意味が関わっている。また、国語辞典類ではまだ認めていないようだが、最近「饒舌」を「冗舌」と書くことが多くなった。「饒」は常用漢字表外の文字なので「冗」をあてたのであろうが、「冗談」「冗漫」で使う「冗」の意味が牽引したともいえる。厳密な用字をもって知られる国語学者の文章中に「冗舌」の表記を見つけて驚いたことがある。

# 日本語を〝数える〟

清水康行

## 一　和語数詞と漢語数詞

日本語の数詞には、和語と漢語の二つの系統がある。

和語の方は、古代語の形態も考慮に入れると、以下の四つの系列に分かれる。

a　個数詞（ひとつ、ふたつ、みっつ……）

b　日数詞（ふつか、みっか……）

c　人数詞（ひとり、ふたり……）

d　唱数詞（ひー、ふー、みー……）

たとえば、個数詞と日数詞を比較すると、《同一の（数値を示す）語幹＋異なる助数詞》という単純な対応になっていないことに、気付くだろう。

huta-tu　mi(t)-tu　yo(t)-tu　itu-tu　mu(t)-tu　nana-tu

hutuka　mi(k)ka　yo(k)ka　ituka　muika　nanoka

個数詞を《語幹＋つ》と考えると、それと同一の語幹ならば、2日は「ふたか」、7日は「ななか」になるはずである。

こうしたhuta : hutu 等の対応は、共時的にはうまく説明できない。古く*ukaという形態素があり、それが個数詞語幹に付いたものから変化し、現在の日数詞になったと考えられる。

hutuka ＜*huta-uka
mikka ＜mika ＜*mi-uka
yokka ＜yoka ＜*yo-uka
ituka ＜*itu-uka
muika ＜muyuka ＜*muyu-uka
nanoka ＜nanuka ＜*nana-uka

漢語の方の数値部分は、助数詞との音韻的な関係で促音化等が起こるが、a～dに関わらず、一系列と考えてよい。

イチ、ニ、サン、シ、ゴ、ロク、シチ、ハチ…

これらの和語数詞と漢語数詞とは、数える対象によって、かなり入り組んだ分布を示す。

### (a) 個数詞

個数を数える場合、1から10までは、和漢の両系統が並立している。

和語では、次の通り。9までは助数詞「～つ」が付く（余談：10からは「～つ」が付かないので、寄席では、客が10人以上入ると「つ離れ」と言う。大学の授業は、つ離れしない教室でやりたいものである）。

ひとつ、ふたつ、みっつ、よっつ、いつつ、むっつ、ななつ、やっつ、ここのつ、とー

漢語では、「～コ」だが、4と7には、和語が紛れ込む。

イッコ、ニコ、サンコ、よんコ、ゴコ、ロッコ、ななコ、ハッコ、キュウコ、ジッコ（ジュッコ）

特殊な助数詞に続く場合も、「～むね、さお」などの和語には「ひとむね、ふたさお」と和語（3以上では「サンむね、ロクさお」と漢語も使える）、「～台、杯」などの漢語には「イチダイ、ニハイ」と漢語（4と7には和語も）が続く。

いずれについても、10を超えると、専ら漢語になる。「よん、なな」は、「よんジュウ、ななヒャク」としぶとい。ただし、数表現を含む成句の場合は、「赤穂四十七士」を「よんジュウななシ」、「四万六千日」（縁日）を「よんマン

ロクセンニチ」などとは言わない。

(b) 日数詞

日にちを数える日数詞でも、和漢の分布は複雑である。1日は、日付を示す場合と日数を数える場合（算日）とで語を異にする。日付は「ついたち∧つき・たち（月・立ち）」という数表現のない和語、算日は漢語「イチニチ」となる。

2日以降は、日付と算日とに語の区別がない。10日までは「ふつか、みっか、[…] ここのか、とーか」と和語、11日以降は「ジューイチニチ、ジューニニチ」と漢語になる。10日以下でも、「ニニチ、サンニチ」と言うことはできる。

なお、14日は「ジュウよっか」で和語助数詞が生きている。個数詞よりも和語的要素が強いといえる。その一方で、「ジューよんニチ」という言い方も可能で、24、34となるにつれ、後者の言い方が優勢になる。17日では、「ジューなのか」といわず、「ジューななニチ」より「ジューシチニチ」が一般的で、こちらは、個数詞よりも和語の勢力が弱い。

ところで、この節の最初に述べたように、1日については、他の日数詞と異なり、日付と算日とで別の語が使われ、しかも、いずれにも和語数詞が用いられない。

古くは、「ひとひ」という日数詞があり、江戸時代初め頃まで使われたが、その後、日常語からは姿を消した。なお、「〜ひ」という和語日数詞は、この「ひとひ」だけである（擬古的に創作された「ふたひ」が一部で用いられた）。一方、「ひとか」という語例は、古典文献にも見られない。

なお、現代の日常語で、「四月イッぴ発令」のように、日付を「イッぴ」ということがある。「ニひ、サンぴ」というのも聞く。これらは、通行の辞書には載っていない。商取引などで、日付を誤りなく伝えるために工夫されたものだろう。

「イチジツ」という語形もあり、辞書にも載っている。日付や算日にも使うが、「一日、野に遊んだことがあった」のように、副詞的に〈ある日〉という意味で用いることが多い。

### (c) 人数詞

和語の人数詞は「ひとり、ふたり」くらいで、「サンニン」以上は漢語になる。ただし、4人は「よニン」で、「死人」に通じる「シニン」は殆ど使わない(7には「ななニン、シチニン」両形がある)。和語「よったり」を聞くこともある。

「ひとり、ふたり」の代わりに「イチニン、ニニン」ということもできるが、かなり硬い感じがする。ただし、人数分の量を示す語句になると、様相が変わる。料理などの「〜人前」は、「ひとりまえ」と言えないこともないが、「イチニンまえ、ニニンまえ、サンニンまえ」と一貫して漢語を用いる(〈立派な大人になる〉意味でも「イチニンまえになる」という)。一方、「〜人分」では、「イチニンブン」よりも「ひとりブン、ふたりブン」がふつうだろう。和語接辞「〜前」に対しては漢語数詞、漢語「〜分」には和語数詞を用いるというねじれた関係になっている。

なお、古代語での人数詞は、文献では「三人、四人、五人」と漢字で表記されてしまうことが多いので、語形が確認しにくい。「みたり、よたり」の確例は割合にあるが、5人以上の和語人数詞と見られる例は、ごく少ない。活字本や索引で「むたり、ななたり」とされている例の大部分は、本文(古写本)では漢字表記であり、そう読んだ確証はないものである。

### (d) 唱数詞

数を順に唱える場合、10以下では、和語で「ひー、ふー、みー、よー、いつ、むー、なな、やー、ここの、とー」、漢語で「イチ、ニ、サン、シ、ゴ、ロク、シチ、ハチ、キュー、ジュー」の両系列が揃っている。漢語の方に「よん、なな」の和語が混じることもある。10以上は漢語一本である(下一桁4、7では和語が混在)。ただし、和語唱数詞は、理解語彙としては未だ健在だろうが、実際に「ひー、ふー、みー」と数えていく人は、もはや多くないだろう。

なお、金額や番号などの数値は、ふつうは漢語(4、7では和語も)で読むが、「ふたセン、ふたヒャク、ふたジュー円」のように、2についても和語を使うことがある。算盤の読み上げ等では、一般に、こちらを用いるようだ。ただし、「ひとセン、みヒャク、いつジュー」というのは、聞かない。

## 二　古代の和語数詞の残存形

現代では10を超える数を示す和語は用いないが、古代語では10以上を示す和語が使われており、現代語にも、その残存形がいくつか見られる。

20歳のことを「はたち」というが、これは20を示す和語数詞である。日数詞「はつか」もある。

30歳を「みそじ（ぢ）」ということがある。また、月末を「みそか」というが、これは〈30日〉という意味である。「みそ」は30を示す和語数詞ということになろう。さらに、「五十川、五十六」など、「五十」と書いて「いそ」と読む語があり、「八十島、八十助」などでは、「八十」を「やそ」と読む。これらは、「〜そ」という10の倍数を示す和語数詞の名残である。ただし、これ以外の「四十、六十、七十、九十」について、「〜そ」という語例を見つけるのは難しい。

「百田、百恵」など、「百」を「もも」と読む姓や名がある。100を示す和語数詞である。一方、「五百里（い・ほ・り）」「八百屋（や・ほ・や）」などの語もあり、100の倍数を示す古語には「〜もも」と「〜ほ」の二系列があったと考えられる。また、「千代、千歳」の「ち」は1000、「萬屋」の「よろず（づ）」は10000を示す和語数詞とされる（ただし、漢語流の数え方を取り入れる以前から、このように整然とした十進法式の数詞体系があったかどうか、いささか疑わしい。むしろ、元々は単に〈多数〉を意味した和語を、1000とか10000とかに適当に割り当てたと考える方が自然かも知れない）。

## 三　数詞の文法的な振る舞い

和語数詞では、数値を表す「ひと、ふた、み」は、それ単独では使われず、「ひと・つ（個数）、ふた・り（人数）、みっ・か（日数）」など、必ず助数詞が付く（唱数詞は例外）。その点で、これらの数値部分は、自立語とは見なせない。

漢語数詞でも「〜コ、ニン、ニチ」といった助数詞を伴うのが一般だが、「二の橋」「イチを聞いてジューを知る」のように、単独で自立語的に用いることもできる（数学的な数値では、「二はイチよりも大」のように、単独用法がふつうである。）。しかし、単独用法では、助数詞を伴う場合と異なり、被連体修飾語や連用修飾語になることができない。

*楽しげなサン　／　楽しげなサンニン

*梨をゴください　／　梨をゴコください

ただし、「イチニ（一、二）、ニサン（二、三）」は例外で、「二、三、お尋ねします」のように、助数詞を伴わないで連用修飾語になれる（被連体修飾は無理）。これらは、具体的な数値を表すというよりも、「すこし、ちょっと」と同様な、漠然と数量が少ないことを表す副用語と見なすべきだろう。

数量詞が、連体修飾でなく、連用修飾の位置にあっても、対象となる名詞の数量を表すことができる《数量詞遊離》は、日本語の数詞（程度副詞を含めた数量詞一般）の特徴的な文法現象として、知られている。

卵が二個割れた　＝　二個の卵が割れた

男を三人見かけた　＝　三人の男を見かけた

ただし、これが問題なく可能なのは、主格（～が）か対格（～を）に対してだけで、他の格では、成り立たない。

女に四人出会った　≠　四人の女に出会った

棒で五本殴った　≠　五本の棒で殴った

（「その時、私は女に四人出会った」のように、文脈から、そうとしか解釈できない場合は、見かけ上、成立する。）

なお、《与格文》の場合、《主語》とされる与格に対しては数量詞遊離は成立せず、《目的語》である主格に起こる。

姉に娘が三人いる　＝　（一人の）姉に三人の娘がいる

≠　三人の姉に（各々）娘がいる

## 四　畳語形式について

日本語では、「木々、人々、山々」のように、語を重ねることで複数を表すことがある。ただし、こうした畳語形式を名詞複数形として扱うには、問題がある。

まず、畳語か否かで、述語動詞や修飾語の語形が変化することはなく、文法的な《数（複数）》とは言えない。

また、単複のある言語では、二つ以上あれば義務的に複数形をとるが、日本語では、二本か三本では「木々」とは言わないだろう。相当な数量でないと使いにくい。逆に、多数の場合でも、畳語にしないで表現しても構わない。

?洪水で二軒の家々が流された／二軒の家が流された

洪水で多くの家々が流された／多くの家が流された

さらに、畳語形は、あらゆる名詞に対して規則的に作られるのではなく、語彙的にかなり限られている。「山々」とは言うが、「丘々」とか「川々」とは言うまい（そう言われれば〈ああ、丘がたくさんあるのだな〉と理解はするだろうが）。

畳語形式は、一部の形容詞語幹（高々）や副詞（ふわりふわり）にも成立し、何かを〈強調〉するのが本意である。一部の名詞については、それが〈多数〉であることを強調する表現として定着したのだろう。

# ペンからキーボードへ

阿辻哲次

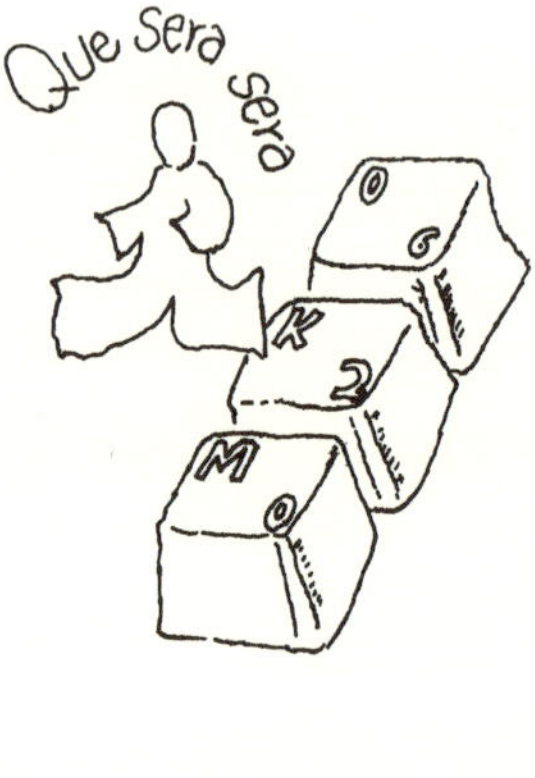


広範囲にわたるコンピュータの普及によって、コンピュータで日本語の文章を書く人が急激に増えつつある。ましてごく小さいころから電子ゲームに慣れ親しみ、キーボードにたいしてもなんの違和感ももたない、いまの小中学生がこれから社会の第一線に出てくるにつれて、そのような傾向がますます強まってゆくことは確実である。

これから先の日本の社会がコンピュータと無縁で発展することはありえない。そしてこれだけ漢字を扱えるようになったコンピュータが、これから先に漢字処理能力を衰退させるはずがない。だから二一世紀における漢字の問題は、ひとえにコンピュータとの関係にあることはまちがいない。

コンピュータを使って日本語を書くことの最大のメリットは、どのような難しい漢字であっても、コンピュータで使える文字であるかぎり、いとも簡単に書けるということである。「憂鬱」だって、「穿鑿」だって、「顰蹙」

だって、「矍鑠」だって、「軋轢」だって、「韜晦」だって、「諧謔」だって、「魑魅魍魎」だって、いくつかのキーをうつだけで苦労もせずにさっさと書けるし、マウスをクリックするだけでたちどころにきれいに印刷できる。

近頃はあまりめだたなくなったが、ワープロが普及しはじめたころには漢字の過度の使用がよく指摘された。小さなキー一つを押すだけで、画面の仮名がつぎからつぎに漢字に変換されるものだから、最初は興味深さと面白さが入り交じって、なんでも漢字に変換しようとする人が多かった。「明けまして御目出度う御座居ます」と書かれた年賀状をもらって驚いたことがあるし、いまでも「駆け付ける」とか「雨に降り込められる」と書かれた文章を見ると、私は「付」や「込」という字が気になってしょうがない。以前のように手で文章を書いていた時はきっと「駆けつける」とか「降りこめられる」と書いただろうから、「付」や「込」はワープロ機能が出しゃばった結果おこる、過度の漢字変換である。しかしそれも、最近ではカナを漢字に変換するソフトがだんだん「かしこく」なってきており、度をすぎた漢字の使用はソフトの方で減らす努力をしているようである。

またつい数年前までは、ワープロで書かれた文書には心がこもっていないとか、年賀状をワープロで作って出すのは失礼だ、との議論がさかんにおこなわれたものだったが、それも近頃はほとんど耳にしなくなった。このあいだ私がもらった手紙は「ワープロが使えないので、手書きで失礼します」という一文ではじまっていた。会社のことはよく知らないが、私が勤めている大学では事務室に提出する書類について、某ワープロソフトを使って作成することが望ましいとの注記がつけられることがよくあるし、はっきりと「手書きはご遠慮ください」と書かれていたこともあって、この時はさすがにちょっと驚いた。江戸から明治にかわった時に毛筆がペンになったように、今はペンからキーボードにかわろうとする時代、というわけなのだろう。

## 国語辞典の最後の項目は？

五十音順の国語辞典は、最初の項目が「あ」で始まる。それでは、最後の項目は？

この問いに、ほとんどの人が「ん」と答えるだろう。もちろん「ん」でも正解である。しかし、四八点もある現在の一般的な国語辞典のうち、最後が「ん」になっているのはたった六点しかない。じつは、国語辞典の最後の項目は一五通りある。

わんわん……一点
ん……六点
ンジャメナ……一点
んだ……一点
んち……四点
んで……五点
んです……一点
んとす……一〇点
んとする……二点
んば……三点
んばかり……二点
んぼ……一点
んぼう……九点
んんと……一点
んんん……一点

ベストスリーは「んとす」「んぼう」「ん」である。唯一、「ん」がないのは三省堂『新小辞林』第五版だが、第四版では「んとす」だったし、「を」の項目もあった。

掲載語数が一番多いのは約五十万語の小学館『日本国語大辞典』第二版だけれど、最後は「んとす」。大きな辞典だからといって、より後方の項目を載せているわけではない。「んんん」を載せているのは、七万六千語の『三省堂国語辞典』第五版である。

今は「ん」が当たり前のように載っているが、五十音順の辞典が主流だった明治のころ、最後は「をゝる（撓）」や「をんをん（温温）」が普通だった。初めて「ん」の項目を載せたのは、大正八年完成の『大日本国語辞典』。しかし、大正のころはイロハ順の小型辞典が多くて、ほかには見当たらない。「ん」を載せる辞典が少しずつ増え始めたのは、昭和一〇年の『辞苑』以降のことである。

このように国語辞典の個性は、最後の項目で見比べることもできる。さらに、真ん中のページにどんな項目が載っているかでも違いを見ることができるものだ。（境）

対談

# 文章を楽しむ書き方、読み方

轡田隆史・樋口裕一

## ワープロの恐るべき支配

**轡田**　ぼくは機械に弱いので、パソコン、ワープロは、本を書くときも全部一本指なんですよ。

**樋口**　そうですか（笑）。

**轡田**　最初はペンで書いていたんだけれども、このごろはさすがにもう仕方がない。そうすると、書き出し十行ぐらい書いて、あ、だめだというんで全部捨てちゃおうかなと思うけど、何となく未練があって、後ろのほうへ移動しておく。あれはだめですね。推敲をいくらやっても、推敲が終わらないのと同じで、そんなのが二つ三つたまるじゃない。だからこのごろ、例えば十行ぐらい書き出しを書いて、しばらく考えてやめようというときには、後ろへ移動してちょっと保存しておいてなんて一切やめて、バッと消しちゃうんです。それはちょっとした勇気が必要なわけ。

考えてみると、ものを書くというのは、ここは点にしようか、丸にしようかとか、漢字でいこうか、平仮名にしようかということだって、みんな小さな勇気の積み重ねだし。

**樋口**　決断ですね。

**轡田**　同時にこれほど自分自身で決断できる世界というのはない。だからそこに楽しさがある、というふうに理解したほうがいいと思うんです。

**樋口**　決断するということは、あと百ぐらいある考えのうちの一つを選ぶ、他を捨てるということですからね。これは考えてみるとすごいことです。

ワープロで思い出したんですけど、だいぶ前に使っていたのが本当にバカなワープロで、「運んだ」と書こうとすると「破婚だ」と変換してしまう。「入り込んだ」は、「はい離婚だ」。毎回毎回そうで、きっと心に傷のあるやつが作ったんだろうと(笑)。

当時、アフリカ小説の翻訳をしていたんですが、目茶苦茶な日本語になるわけです。ところが、一冊仕上げようとして、後のほうになって、あれ、ちゃんと直し始めたではないか。うちのワープロも賢くなったなと思った。

ただ、そのワープロはまだ学習機能が付いていなかったので、何でこんなにワープロが賢くなったんだろうとふと振り返ってみたら、こちらがこういうことを書いても、うちのバカワープロは変換してくれないだろうと、ワープロが変えてくれるように文体をいじっている自分に気が付いてしまった。これは怖いなと思ったんです。機械にまさに支配されているではないかと。

**轡田**　いや、それはとても大事なことじゃないですか。最近、中高年の方も洋数字をやたらに書くわけ。年ごろからいって、不思議なんですよ。

**樋口**　最初に出てくるんでしょうね。

**轡田**　それは、上の横に並んでいる（数字の）キーをポンと押せば出てくるという理由ただ一つなんです。

若い人が、いろんなふうに洋数字を使うのは何となくわかるけれど、「せっかく七十年の人生を送ったのに、たかがこんなつまらない機械ごときに使われるんですか。今まで会社勤めでさんざん使われてきたのに」と、ぼくは冗談半分によく言う(笑)。多少手間がかかっても、ポンポンポンとやって、ちゃんとした「一」を出しなさいと。だけどこれがなかなかできない。流されていっちゃう。

**樋口**　このごろ本当に奇っ怪な数字の使い方がありますからね。

**轡田**　踏み止まって決断するという姿勢はいつも大事なわけだから。踏み止まらないと、結局、際限なく自分という存在が薄っぺらになってしまう。書くという作業は一つひとつのところで、グッと歯を食い縛って踏み止まるという、そういう感覚が一方で大事なんじゃないかな。

**樋口**　そうやって自分の世界を作れるっ

て、一番楽しいですよ。

**轡田**　そうですよね。まあ、点数は採点するほうの勝手だと思えばいいわけで。ただ、受験生はそうはいかないけれども。

**樋口**　ぼくは0点を付けます。0点を付けるのは、「これじゃ通らないぞ」という意味です。その人間の人格を測っているわけでも何でもない。

**轡田**　そこが難しいところですよね。
しかし、これは話がまったく外れちゃうんだろうけど、『小論文に強くなる』という本をぼくが書いたときに、改めて小論文試験の出題を読んでいたら、ああ、ぼくが受験生だったら、これはとてもだめだと（笑）。

**樋口**　すごい問題が出ていますね。

**轡田**　もうね、よくこんなので書けるなあって。恐るべきものがありますね。物理的にも内容的にも難しいし、そもそも出題者がよくわかっているのかなという……（笑）。

**樋口**　現代思想バリバリのハーバーマスがどうしたとか、そういうものも出てきますからね。

**轡田**　ぼくなんか四、五十点も取れればいいほうだ（笑）。何度か、大学の入試にぼくの書いた下手な文章が使われたことがあるんですけれど、設問を読むと、え、おれちょっとこれはわかんないんだけど、とかね。試しにやってみたら、間違いになっていたりということがあります。

**樋口**　国語の試験はやめちまえ、小論文にしてしまえばいいではないか、というのがぼくの主張の一つなんです。正しい答えなんてあるわけないんですから、人それぞれの読みがあり、意見がある。よそはどうか知らないけれど、フランスみたいに、全部論文試験にすれば一番わかると思うんです。古文とか漢文はぜひやってほしいんですが、現代文というのは小論文でいいのではないかと思います。

**轡田**　なるほどね。

**樋口**　小論文を教えていて非常に腹立たしく思っているのは、小論文は国語の付録みたいな扱われ方をしているんですよ。でも我々からすると、小論文のほうが偉いんだぞと思うんです。文章を書くことによって論理力が付く。単に読むだけでは、野球でいえば見ているだけだ。野球をしている人が見てもわかるのであって、見るだけでわかるはずがない。
文章を書くことによって、読む技術も身に付くのであるから、文章を読むだけでは知識というのは増えない。書きながら、これを盗んでやろうとか、これを批判してやろうとか思ってこそ、文章の力が付くわけです。だから小論文を中学・高校でぜひ入れてほしいんですけどね。

**轡田**　そうですね。しっかりやったら、もう……。

**樋口**　うんと日本国民の思考力が付くと思うんです。

**轡田**　それに多少余計なことを付け加える

と、ぼくは芝居やなんかも大いにやらせたらいいと思うんですよ。文章を書くことと、演劇と。

**樋口**　自己表現ですね。

**轡田**　文章で表現する力と、肉体も使っての、まさにトータルなものとしての自己表現。朗読もここには入るわけだし、ぼくは両方やるとすごく立体的な教育になると思うんです。

**樋口**　そうですね。

**轡田**　気になっているのは試験、つまり解釈至上主義で、「太郎を眠らせ、太郎の屋根に雪ふりつむ」なんていう現代詩だと、これはどういう意味でと最初から意味を考えさせるわけでしょう。

**樋口**　まずイメージして、それに感動してほしいんですけどね。

**轡田**　あの詩を「いいか、みんな。目をつぶって、最初は声を出してもどうでもいいから、五回つぶやいてみろ」とかね。

**樋口**　イメージが命だと思うんだけど、意味に還元してしまうんですね。

**轡田**　頭の中でどういう光景が想像できたかということがものすごく大事なんだけれども、最初から意味を考えようとしてしまう。だからたった一つの解釈、意味しかないようにしていっちゃうわけでしょう。

**樋口**　そう思い込んで、正しい答えを出そう出そうとしますからね。それじゃあやっぱり思考力は付かなくて当然だろうと思います。

**轡田**　ただ、楽なんでしょうね。正しい答えなるものは一つであるという前提で、ひたすらそこへ目掛けて行くというのは、ものすごく教え方としても楽だし。

**樋口**　でしょうね。問題なのは、正解は何かというと、出題者の解釈にすぎないわけですからね。著者の解釈がもっとも正しいと思うんですが、先ほど言われたみたいに著者の解釈と出題者の解釈が違うわけですから。

**轡田**　著者だって、時がたてば変わってくるし（笑）。読み方も、その時代時代で変わっていくわけだから、一つの解釈、一つの意味なんてものは、本来ないわけですよね。

**樋口**　ぼくはプルーストが好きで、彼のヴィヴォンヌ川というのがずっと気になっていたんですが、行ってみると普通の川なんです。ヨーロッパの川ですから、平坦な川なのは当たり前なんですが。ところが、ぼくが川というので思い浮かべていたのは、母親の実家付近の岩がゴツゴツした川だった。おそらく小説を読むときに頭に思い浮かべるのは、自分の子どものころの原風景なわけですね。そのいろんな風景が入り交じった総体が作品なわけで、それでいいではないかと思うんです。それを現代の国語というのは、全部一緒にしてしまう。

**轡田**　そうか。そこにある川が描かれているると、その実際の川に解釈していっちゃう。だけども、それは読む人の生まれ育った土地の川だっていいわけですよね。

**樋口**　投影してこそ文学として豊かになるんですから。

**轡田**　何もプルーストが地理の説明書を書いているわけじゃないんだからね。

**樋口**　日本人は日本人ふうに、ロシア人はロシア人ふうに川を思い浮かべるかもしれないし、それはそれでいいと思うんです。それこそむしろ文学的真実だという感じがするんです。

**轡田**　そこには限りない自由があるんですね。読み方も書き方も。

**樋口**　そう、文章を楽しむというのを国語の基本にしてほしいんですね。

**轡田**　ただ、さっきの「太郎を眠らせ」、それをある詩人がある講演で、「何を思い描いてもいいですよ」と言ったらば、南極探検のときの、タロとジロはどうでしょうという質問が出て、絶句したそうだけれども（笑）。

**樋口**　それはそうかもしれない（笑）。

## 妹

わたしの苗字には「妹」という字が付いている。むかし職場で、初対面のかたに自己紹介すると「ええと、妹という字は妹ですか、妹ですか」と聞かれたことがある。

　そんなことは考えたこともなかったので、すっかりうろたえて「すみません、帰って両親に確認します」と答えた。当然なのだろうが、親は何を言い出すんだ、いい歳したこの娘は、といった面持ちだったが、戸籍謄本を見てみるかということになり、「妹らしい」ことが判った。戸籍の文字が「妹」なら「いもうと」が正しいのか。祖父、曾祖父の戸籍も確認したほうがいいんじゃないか。

「ぼんやりとした不安」を抱きながら、聞いてきた初対面氏に「いもうと、みたいです」と言うと、「ああ、そうですか」とにっこりして、「妹」の字で書いたわたしへの献辞をつけて、ご自分の最近書いた論文の抜刷を下さった。

　その日から晴れて、わたしの名前の「いもうと」は「妹」になった。「妹」は「バツ・マツ」、「妹」とは別字。わたしは初対面氏にテストをされたわけだ。（妹）

対談

# 字引は楽しい！

山田俊雄・俵　万智

## どんな言葉が辞書には必要か

**俵**　山田先生の『ことば散策』（岩波新書）を大変おもしろく拝読したのですが、何かお話をするとなると、試験をされているようで、ちょっと緊張しています（笑）。

**山田**　僕自身は、この言葉はいいとか、これは間違った使い方だとか、裁断するつもりはありません。むしろ、自分が生きてきた時間というか一世代の言葉について書き残しておきたいと思って、それが『ことば散策』になったのです。五、六十年間、自覚的に言葉を考えてきたので、ああ、こんな言葉があったんだなとか、こんな言葉は皆もう知らないだろうなとか、いろいろ感じることがありますから。

**俵**　「赤電車」について書いておられますが、今でも最終バスのことを「赤バス」といいますね。

**山田**　そうですか。僕は「赤バス」は知り

ませんが、そんなふうに時代とともに言葉は移り変わっていくものなんですね。一方には、いつまでも使われていて変わらない言葉もあるわけだけど。

**俵**　この二月に、先生が中心となって編纂された『新潮現代国語辞典』の第二版が刊行されますね。十五年ぶりの改版ということですが、新たに入れる言葉や削除する言葉を判断されるのはとても大変だと思います。どういう基準を設けていらっしゃるのでしょうか。

**山田**　ちょっと極端なことをいうと、まず自分が一つの鏡つまり基準になっているところはあります。本を読んでいて、知らなかった言葉や珍しい用例などを覚書にメモしておくなどして……。一方、七、八万語ぐらいの辞書なら、他の辞書に載っている言葉がないのは困るという、使う方の要請も当然あります。実際、自分の一生で覚え込む言葉、あるいは使っている言葉の種類はそう多くはないはずですから、他の辞書が採用している言葉については謙虚に尊重しようということになります。本来は、資料が語ってくれるものの中から自ずと選ばれてくると考えるべきなんでしょうね。

**俵**　使用頻度などはどのようにして調べられるのでしょうか。

**山田**　誰もがしかるべきものとして読んできた文学作品や総合雑誌、あるいは教科書などの語彙を調べて順位をつけます。また、どうしてもその言葉がなければ困るもの、たとえば「朕《ちん》惟《おも》フニ……」の「朕」は、入れておかなければ困るでしょう。

**俵**　私たちの日常では使わないけれども、辞書にないと確かに困ります。

**山田**　「文民」のような、憲法に使われている用語についてもチェックします。まあ、広い範囲で眺めてみて、使用頻度が高い、必要度が高い、あるいは、論理的な文章を書く場合にどうしても必要な概念などを、数的にも質的にもちゃんと調べて項目を決めるのが正しい道なんでしょうが、なかなかそう理想通りにはできません。

**俵**　気の遠くなるような作業ですね。今回の改版では、言葉の入れ代わりは激しかったのですか。

**山田**　二千語あまりふやしましたが、引算はほとんどしませんでした。

**俵**　辞書が改訂される時、こういう言葉が新しく入りましたということが〝目玉〟のように言われますね。私はむしろどんな言葉を削ったかを知りたいと思うのですが。

**山田**　今度の改訂で削った語は、もう使われなくなった病名くらいです。僕自身は、かつて存在した言葉は残しておきたい。でも、ある程度は世間と歩調を合わせる必要があるでしょう。『新潮現代国語辞典』は、一般の方々がいつでも手軽に引ける基本的な辞書を目指していますから、コンピュータ用語や「内税」「外税」などを外すことはできません。もっと詳しく古語も知りたい人には『新潮国語辞典　現代語・古語』があります。

## 言葉の一生涯

**俵**　若い人の言葉遣いにもずいぶん関心を寄せておられますね。「きよぶた」という言葉、私は『ことば散策』で初めて知りました。焼豚の一種かしらなんて思いましたが（笑）。

**山田**　たまたま新聞に出ていたので、話題に加えておいたんですが、省略のタイプとしては珍しい例ではありません。

**俵**　「ねこまた」や「はとまめ」と同じですものね。でも、「清水の舞台から飛び降りる」が「きよぶた」で通用するようになるのでしょうか。

**山田**　年寄りはよく「日本語は乱れている」というけれど、ゆっくり考えてみると、今まであったタイプを応用している場合が多い。流行はやがて淘汰されるし、淘汰されなければ通用していくわけです。

**俵**　どの時点で辞書に載せるか、ということになりますね。

**山田**　そこが難しいところですけどね。もう亡くなられましたが、『三省堂国語辞典』をつくった見坊豪紀《けんぼうひでとし》さんという方は、毎日、新聞や週刊誌を見て、日課として言葉を拾っていたそうですよ。

**俵**　新聞を、辞書をつくるという目で読むわけですか。

**山田**　そうそう。自分が知らない言葉があればチェックするし、辞書に用例が載っていない言葉については記憶していて拾うというようなかたちでデータをとっておられた。僕も、文献上の用例主義ですから、自分の言語生活の中で使ってきた語が辞書にない場合、たとえば永井荷風の『濹東綺譚』や『浮沈《うきしずみ》』、川端康成の『浅草紅団』を集中的に調べたりします。そうやって用例を集めていくと、字引が少しずつ肥ってくるというか、奥行きが出てくるんです。

**俵**　すると、今回の改訂版は、新しい言葉が増えただけではなく、用例も充実してきたということになりますね。

**山田**　ええ。字引をつくっていると、漱石や鷗外の言葉の使い方などもいくらか見当がついてくるんです。ただ、そうしたことは字引では少ししか表現できませんね。使われなくなった言葉にしても、僕としては語の起こりから消え去るまでの一生涯を書き記しておくというのは、字引としてはおもしろいと思うんだけど……。そんなもの、求める人はいないかな（笑）。

**俵**　言葉の一生涯——おもしろいですね。ハズバンドの略語としての「ハズ」や「ハス」のことが『ことば散策』の中に出てきますが、もっといろいろな言葉の一生涯を是非書いていただきたいと思います。

## 辞書の仕掛け

**山田**　明治時代の権威ある辞書として大槻文彦さんの『言海』というのがありますね。近代的な辞書の一つのモデルとして大変褒められています。でも、『言海』のいろいろな仕掛けは伝承されていないんです。

**俵**　仕掛けといいますと？

**山田**　『言海』の見出しは、外来語は片仮名、漢語と和語は平仮名です。でも、漢語と和語は区別されていて、同じ平仮名でも活字の太さが違っていました。ところが、後年刊行された縮刷版『言海』では、活字の太さの違いがほとんどわからなくなってしまった。だからそれ以後、もとの『言海』の仕掛けを生かした辞書はないはずです。僕は、新潮社で字引をつくることになった時、『言海』の伝統を生かしたいと思って、原理的には外来語である漢語を片仮名見出しにしました。

**俵**　「場合」は平仮名、「把握」は片仮名見出しになっていますね。一目瞭然、「場合」は和語だとわかります。

**山田**　漢字のあて方にしても、大槻さんはよく調べて、いろいろな書き方を採用しています。今の国語辞典は、現代表現としてどれが正しい書き方かということ、規範を主眼にしていますから、こんなおもしろい書き方があったということなど切り捨ててしまう。それでは言語生活が貧弱になりますよ。

**俵**　『新潮現代国語辞典』では、書き方についても一通りではありませんね。「ハイリ　背理」には「悖理」を、「バカ　馬鹿」にも「莫迦」を挙げておられます。

**山田**　自分では使わないけれど、使ってあるのを読むという立場があります。この言葉はどう読むのか、どんな意味なのかを知りたいわけですね。でも、国語辞典は、読み方が分からないと引けないでしょう？　そこをどうカバーしていくかが問題なんです。そのあたりのことを考えて、巻末に「難読語集」を付しました。

**俵**　画数で引けますから、これは便利ですね。「一入《ひとしお》」に始まって「鸛《こうのとり》」まで。

**山田**　やはり字は「読める」ことが大切ですよ。書き文字に関しては、あまり細かく言う必要はないと思う。憂鬱の「鬱」なんて、皆だいたい似たような字は書くけど、漢和辞典に載っている通りに書ける人は、よっぽど気が小さい人ですよ（笑）。

**俵**　それは心強いお言葉（笑）。私、子どもの頃に「耳」という字を教科書で見て、ここは跳ねてここは止めるとか、ずいぶん細かく覚えた記憶があります。ところがそれは印刷活字の都合だったそうで、ショックを受けました。

**山田**　手書きは少なくなったけれど、今年も年賀状をたくさんいただきました。見ると、謹賀新年の「謹」も「新」もいろんな形がある。でも皆「謹賀新年」と読めるわけですよ。現実には、そういうシチュエーションがかなりたくさんあるから、それらしく書けていればいいんじゃないかと思いますね。もっとも、そんなことを言うと、文部省の人は困るらしいけど（笑）。

## 「乱れ」を嘆く前に

**俵**　先生は、いわゆる「日本語の乱れ」についてどうお考えですか。成敗してやりたい言葉遣いなどございませんか。

**山田**　僕、戦闘的じゃないんだ（笑）。というより、諦めていますね、ほとんど。

**俵**　絶望していらしゃる？

**山田**　字引の間違いに関しては責任をとりますが、社会に対してはもうあんまり責任がないから（笑）。とはいっても、心配はしているんですよ。言葉を使う能力が減退していくのではないかと……。というのは、漢字の処理の問題とも関連があるんだけど、古い言葉を知らない人が大部分になっています。漱石でも鷗外でも、もっと遡って西鶴でも芭蕉でもいいんですが、そういう作品に自分で触れる機会を持たなくなったでしょう？　若い人の多くは、非常に痩せ細った、自分の家庭や学校だけで覚えた言葉の中で生きています。だから、仲間のつくり出す珍奇な言葉をおもしろがるところがある。それはそれでいいんだけど、その言葉を古いものに照らし合わせて、自分で淘汰していくとか、洗練していく力がない。「乱れ」よりも言語生活が痩せ細っていくことの方が心配です。

**俵**　具体的な処方箋があるでしょうか。

**山田**　僕は漱石を現代仮名遣いに直すことに反対ではないんです。読んでもらうためにはそれもいいでしょう。でも、一方で原作をいつでも手に入れられるような手段を講じておいてもらいたいと思います。図書館にいけばいいというのでは駄目で、文庫本で両方ある状態がいい。いずれにせよ、年寄りは若い人に文句を言うものですよ。でも、読めない漢字に振りがなをつける努力もせずに若い人を責めてもねえ。

**俵**　確かに、環境を整えずに、大人が嘆いてばかりいても仕方がありませんね。

**山田**　俵さんは現代仮名遣いですよね。

**俵**　はい。でも、ずっと若い人で歴史的仮名遣いで短歌を詠む人もいて、いろいろ悩んでいます。私も、ここは古い仮名遣いを使いたいなと思うことはよくあります。

**山田**　古典語と口語が混じることは避けられないでしょうね。仮名遣いは、それを乗せる道具だから、混ざるのはちょっと具合が悪いかもしれませんが……。でも、あまり規範意識を持つ必要はないのかもしれませんよ。説明することのできる自分なりのルールを作ればいい。日本語の乱れについていえば、先日、元中国籍で日本国籍をとった大学の先生から、手紙がきました。旅行をしたところ、バスガイドが「お弁当のほうはこれこれで――、集合のほうは何時で――」と、何にでも「ほうは」をつける。こういうことでは日本語の将来が心配だと憤慨していました。

**俵**　私も最近、レストランなどのウェイトレスの、注文した品を運んできた時の「スープになります」という言い方が気になっています。「スープです」と言うとはっきり言いすぎるということなのでしょうが……。ある漫画家がやはりこの言い方が気になって、「プリンになります」と言ったウェイトレスさんに「じゃあ、この場でプリンになってみせろ」と言い返したんですって（笑）。

**山田**　「ご注文に応じると、こういうことに相成ります」を省略しているのかな。

**俵**　「コーヒーとか飲んで」の「とか」の使い方も同じようなことなのでしょうか。『新潮現代国語辞典』の「とか」の項目を引くと、《「とかいう」の形で、はっきりしない意を表し、また、婉曲に表現する》とあります。今の若い人たちの用法は、これに近いような感じですね。

**山田**　人との間柄をちょっと緩くしておこうということなのでしょう。そこから、日本語はあいまいだという意見が出てくるんでしょうが、日本語自体があいまいというわけではない。使う人の問題なんですよ。

## 字引は調度品

**俵**　去年の秋、NTTの研究所が「語彙数テスト」というのを発表したんです。五十の語彙があって、ここまで知っていればあなたの語彙数は何万語です、というもので、私もやってみたんですが、「釜がえり」でつまずきました。

**山田**　柳瀬尚紀君も「本の旅人」に書いていましたね。『日本国語大辞典』にもない「釜がえり」がなぜ小型の『新明解国語辞典』に採られているのか、と。炊きあがったご飯をそのままにしておくと蒸気がぬけないまま冷えてしまうためにふっくらした味わいがなくなるという意味なんですが、実は、この言葉は、僕の母親がよく使っていたんです。「釜がえるから早くご飯を混ぜておいてね」というふうに。『新明解』の主幹である僕の兄（山田忠雄）は普通の言葉だと思って載せたんじゃないかかな。僕は、あっ、これは字引の編者が非常に特殊な言葉であることを知らずに載せた例だと思いました。ですから、この言葉を知っている人の語彙数は七万とか、そんな問題ではないでしょう。

**俵**　よかった（笑）。

**山田**　そういう例は『大言海』にもあります。「こばかくさい」という言葉が載っていますが、これは仙台か一関の方言で、殆んどの字引には載っていません。

**俵**　大槻さんにとっては慣れ親しんだ言葉なんですね。「こ」と言えば、私は「こじゃれた」という言葉を使っては、母にイヤな顔をされています。今風に少し意匠を凝らしているけれど、プラスの面だけではなく、ちょっとしょってるな、というニュアンスもある言葉なのですが。

**山田**　僕は今初めて聞きました。自分では当たり前だと思っていても、他の人には通じにくい言葉があるんでしょうね。「釜がえり」もいつから『新明解』に載ったのか、これから探索しなければ……。

**俵**　『新明解国語辞典』は用例も説明の仕方もユニークでおもしろい字引ですね。

**山田**　あの字引を買って怒っている人もいましたよ。「マンションの用例なんて、人を馬鹿にしている」って。

**俵**　本のスタイルには「悪魔の辞典」的なものもありますが、普通のほんとの辞書ですから、すごいというか……。『新明解』だけを引くのではなく、何番目かに『新明解』を引くのは楽しいですけど。

**山田**　それは僕もすすめたいね。字引はいくつあってもいい。どの部屋にもある絶対必要な調度品と考えていただきたい。

**俵**　恥ずかしいのですが、私は「つけうま」という言葉を知りませんでした。ある時、ちょっとしたお金を貸していた友達が「あそこに銀行があるからお金を下ろして返すわ」って言ったんです。そこで「一緒に行ってもいいわ」と私は言って、彼女について歩き始めました。すると彼女曰く「つけうまだね」。私は分からなくて、「それ、どういう意味？」と聞いたんですけど、「家に帰って辞書を引いてみて」と……。

**山田**　テレビの時代劇をよく見ている人は知っているかもしれませんね。吉原などで流連《いつづけ》して遊興費が払えない人が家へ帰る時に、取立てのためについていくのが「付け馬」。逃げられると困るということで。

**俵**　私は友達が逃げるなんて思ってもいないのに、ひどい！（笑）。

**山田**　でもまあ、辞書を引いたために正解に到達したわけだから、結果としてはよかったわけでしょう。

**俵**　そうですね。それに、日常の中で辞書を引くことの楽しさも再認識しました。

# コトバについての三つの質問

**奈良美智**

**1.　奈良さんにとって、コトバってなんですか。**

コトバ——コトバより先に感情がある。
コトバのあとに文字が生まれる。
メロディがあって生まれるコトバ。
コトバがあって生まれるメロデイ。
想像力を喚起させる抽象的な具体的なコトバ。
深く考えるほどにコトバは遠くなって…

全てを忘れた時、ポツンと生まれるコトバは時々、素晴しい。
でも、よくわからない。コトバって何?
こっちがきいてみたい。

## 2. なぜ絵とコトバが同居しているんですか。

わからない。
でも、わかりたくもない。
習字は絵でありコトバでもある。
コトバをろうどくする詩人の声は音だ。
コトバも絵もおんなじだ。
書かれた詩がろうどくされてさらにひびくように。
書かれた歌詞がメロディを伴ってさらにひびくように。
きっと、僕の場合もそうだろう。
でも、その関係を調べたくもないし、知りたくもない。
よくわからないが必然だ。

## 3. 絵の力とコトバの力はどう違いますか。

コトバはうまくつかいこなせない。
みんなが平等に、共通につかえるからだ。
コトバをつらねた素晴しい表現が在る。
尊敬する。感動する。コトバの持つ本当の力。
コトバをつらねた、うそくさい表現がある。
だせーと思う。あばいてやりたい。
自分のコトバは絵を描くことで生まれてきたはずだから
僕の場合に関していえば、僕のコトバは
決して絵をこえられないだろう。それでいい。
コトバも絵も、その力はそれをつかう人に宿る。
僕のコトバ、文章は伝わりにくいと思う。
人々にむけてはなたれるとなおさらそうだ。
でも、絵は伝わると信じたい。
それ相応の力はこめてるはずだ。

出典

丸谷才一「日本語があぶない」(『ゴシップ的日本語論』 文藝春秋 二〇〇四年)
嵐山光三郎「小6不用漢字で作文を書くと」(「文藝春秋」二〇〇一年一二月号)
藤原正彦「数学者の国語教育絶対論」(「文藝春秋」二〇〇三年三月号)
板坂元「優先するべきは、操作よりも「思考力」。言葉の退化現象を防ぐための教育を」抄録・改題(「総合教育技術」二〇〇〇年一二月号 小学館)
水谷修・西尾珪子「対談 教師の日本語力を問い直す」(「月刊日本語」二〇〇四年一月号 アルク)
熊倉功夫「外国語になった日本語」抄録(「国際交流」八四号 一九九九年七月 国際交流基金)
野村雅昭「漢字をつかわない日本語へ 日本語の正書法再論」抄録・改題(「国際交流」八四号 一九九九年七月 国際交流基金)
松岡榮志「アルファベットを凌駕し始めた漢字」抄録・改題(「中央公論」二〇〇〇年四月号 中央公論新社)
石川九楊「漢字と仮名は縦書き文字」(「潮」二〇〇〇年一月号 潮出版社)
辰濃和男・道浦母都子「対談 漢字の魅力が、日本語の魅力。」(「潮」二〇〇〇年二月号 潮出版社)
高田時雄「コンピューター化で漢字はどうなる? 時代にゆらぐ漢字の運命」抄録・改題(「望星」一九九八年三月号 東海教育研究所)
木村岳雄「隠語としての漢字」抄録(「草思」二〇〇〇年六月号 草思社)
白川静・道浦母都子「道浦母都子の「あした吹く風」⑫最終回 漢字の奥深さで知る東洋文化の偉大さ。」抄録・改題(「潮」二〇〇一年三月号 潮出版社)

井上ひさし「読み書き並行論」（『ニホン語日記②』文春文庫　一九九六年）

松永真理・藤井青銅・高橋源一郎・稲増龍夫「変体少女文字から携帯ギャル文字へ──少女文化の変遷」抄録・改題（「一冊の本」二〇〇五年一月号　朝日新聞社）

内田樹「「矛盾」と書けない大学生」（「学士会会報」八四〇号　二〇〇三年五月　学士会）

兼子盾夫「日本人がよく間違える日本語の使い方──むずかしい読みかたと言いまわし──私家版「日本語検定試験問題」付」抄録・改題（「湘南工科大学紀要」三一巻一号　一九九七年三月　湘南工科大学）

川嶋秀之「「当て字」の話」抄録（「月刊しにか」一九九八年六月号　大修館書店）

清水康行「日本語の数表現」抄録・改題（「言語」一九九九年一〇月号　大修館書店）

阿辻哲次「現代日本と漢字　2　コンピュータ時代の漢字」抄録・改題（『漢字道楽』講談社　二〇〇一年）

轡田隆史・樋口裕一「対談　文章を楽しむ書き方、読み方」抄録（「新刊展望」二〇〇一年五月号　日本出版販売）

山田俊雄・俵万智「対談　字引は楽しい！」（「波」二〇〇〇年二月号　新潮社）

奈良美智「コトバについての三つの質問」（「広告批評」一九九九年一〇月号　マドラ出版）

## 著者紹介（収録順）

**丸谷才一**（まるや　さいいち）
作家。一九二五年山形県生まれ。『たった一人の反乱』『輝く日の宮』（講談社）など。

**嵐山光三郎**（あらしやま　こうざぶろう）
作家。本名は祐乗坊英昭。一九四二年静岡県生まれ。『文人悪食』（マガジンハウス）『追悼の達人』（新潮社）など。

**藤原正彦**（ふじわら　まさひこ）
数学者。お茶の水女子大学教授。一九四三年旧満洲生まれ。『遙かなるケンブリッジ』（新潮社）『世にも美しい数学入門』（共著、筑摩書房）など。

**板坂元**（いたさか　げん）
国文学者・評論家。一九二二年中国南京生まれ、二〇〇四年没。『考える技術・書く技術』（講談社）『日本語で学ぶ日本事情』（スリーエーネットワーク）など。

**水谷修**（みずたに　おさむ）
名古屋外国語大学学長。（財）日本語教育振興協会会長。一九三二年愛知県生まれ。『はなしことばと日本人』（創拓社）など。

**西尾珪子**（にしお　けいこ）
（社）国際日本語普及協会理事長・（財）日本語教育振興協会評議員。一九三二年東京都生まれ。日本語教育に関わる公職多数。全国各地で日本語ボランティアの育成にも携わる。

**熊倉　功夫**（くまくら　いさお）
（財）林原美術館館長。一九四三年東京都生まれ。『茶の湯』（教育社）『日本文化のゆくえ』（淡交社）など。

**野村雅昭**（のむら　まさあき）
早稲田大学教授。一九三九年東京都生まれ。『日本語の風』（大修館書店）『落語の話術』（平凡社）など。

**松岡榮志**（まつおか　えいじ）
東京学芸大学教授。一九五一年静岡県生まれ。『クラウン中日辞典』（主幹、三省堂）『漢字とコンピュータ』（大修館書店）など。

**石川九楊**（いしかわ　きゅうよう）
書家。京都精華大学教授・文字文明研究所所長。一九四五年福井県生まれ。『中国書史』（京都大学学術出版会）『日本書史』（名古屋大学出版会）など。

**辰濃和男**（たつの　かずお）
エッセイスト。日本エッセイスト・クラブ理事長。一九三〇年東京都生まれ。『文章の書き方』（岩波書店）『風と遊び風に学ぶ』（朝日ソノラマ）など。

**道浦母都子**（みちうら　もとこ）
歌人。一九四七年和歌山県生まれ。『道浦母都子全歌集』（河出書房新社）『歌日記　花眼の記』（本阿弥書店）など。

**高田時雄**（たかた　ときお）
京都大学教授。一九四九年大阪府生まれ。『草創期の敦煌学』（編著、知泉書館）など。

**木村岳雄**（きむら　たけお）
漢学者。東洋大学非常勤講師。一九六三年埼玉県生まれ。

**白川静**（しらかわ　しずか）
中国古代文学、漢字研究の第一人者。文字文化研究所所長。一九一〇年福井県生まれ。『字統』『字通』『桂東雑記』（平凡社）など。

**井上ひさし**（いのうえ　ひさし）
作家。日本ペンクラブ会長。一九三四年山形県生まれ。『手鎖心中』（文藝春秋）『吉里吉里人』（新潮社）など。

**松永真理**（まつなが　まり）
バンダイ社外取締役。一九五四年長崎県生まれ。『iモード事件』（角川書店）『なぜ仕事するの？』（講談社）など。

**藤井青銅**（ふじい　せいどう）
作家・放送作家。本名は藤井正道。一九五五年山口県生まれ。『愛と青春のサンバイマン』（徳間書店）『東洋一の本』（小学館）など。

**高橋源一郎**（たかはし　げんいちろう）
作家。一九五一年広島県生まれ。『さようなら、ギャングたち』（講談社）『優雅で感傷的な日本野球』（河出書房新社）など。

**稲増龍夫**（いなます　たつお）
法政大学教授。一九五二年東京都生まれ。『アイドル工学』（筑摩書房）『〈ポスト個性化〉の時代』（時事通信社）など。

**内田樹**（うちだ　たつる）
神戸女学院大学教授。一九五〇年東京都生まれ。『ためらいの倫理学』（冬弓舎）『映画の構造分析』（晶文社）など。

**兼子盾夫**（かねこ　たてお）
横浜女子短期大学教授。比較思想学会員。一九四三年東京都生まれ。和辻哲郎、遠藤周作に関する論文多数。

**川嶋秀之**（かわしま　ひでゆき）
茨城大学助教授。一九五五年茨城県生まれ。『暮らしのことば語源辞典』（講談社）『関東の方言　調べてみよう暮らしのことば』（ゆまに書房）など。

**清水康行**（しみず　やすゆき）
日本女子大学教授。一九五二年東京都生まれ。『日本語表現法』（放送大学教育振興会）『東京語のゆくえ』（東京堂出版）など。

**阿辻哲次**（あつじ　てつじ）
京都大学教授。一九五一年大阪府生まれ。『漢字の字源』（講談社）『中国漢字紀行』（大修館書店）など。

**轡田隆史**（くつわだ　たかふみ）
ジャーナリスト。一九三六年東京都生まれ。『「考える力」をつける本』（三笠書房）『現代世界の構図を読む』（高文研）など。

**樋口裕一**（ひぐち　ゆういち）
作家・翻訳家。一九五一年大分県生まれ。『ぶっつけ小論文』（文英堂）『一つ半の生命』（新評論）など。

**山田俊雄**（やまだ　としお）
国語学者。一九二二年東京都生まれ、二〇〇五年没。『詞林逍遥』（角川書店）『日本のことばと古辞書』（三省堂）など。

**俵万智**（たわら　まち）
歌人。日本ペンクラブ理事。一九六二年大阪府生まれ。歌集『サラダ記念日』『チョコレート革命』（河出書房新社）など。

**奈良美智**（なら　よしとも）
画家。一九五九年青森県生まれ。『ともだちがほしかったこいぬ』（マガジンハウス）作品集『Nobody knows』（フォイル）など。ベルリン在住。

シリーズ　日本語があぶない

# 書きたい、書けない、「書く」の壁

二〇〇五年九月二十二日　第一版第一刷発行
二〇〇五年十月三十一日　第一版第二刷発行

著者代表　丸谷才一

発行者　荒井秀夫

発行所　株式会社　ゆまに書房
東京都千代田区内神田二―七―六
郵便番号一〇一―〇〇四七
電話〇三―五二九六―〇四九一（営業部）
〇三―五二九六―〇四九二（編集部）
振替〇〇一四〇―六―六三一六〇

印刷・製本　株式会社キャップ

・落丁・乱丁本はお取り替えいたします
・定価はカバー・帯に表示してあります

ISBN 4-8433-1886-8 C1381
Printed in Japan